泰山金融论丛

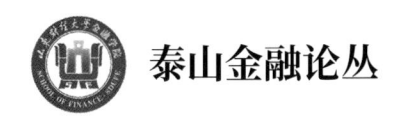

THEORETICAL AND EMPIRICAL STUDY ON FINANCIAL
DEVELOPMENT AND FARMER INCOME GROWTH IN CHINA

中国金融发展与农民收入增长的理论与实证研究

卢立香 ◎ 著

中国财经出版传媒集团
经济科学出版社
Economic Science Press

图书在版编目（CIP）数据

中国金融发展与农民收入增长的理论与实证研究／卢立香著. —北京：经济科学出版社，2021.10
（泰山金融论丛）
ISBN 978-7-5218-2954-9

Ⅰ.①中… Ⅱ.①卢… Ⅲ.①农村金融-研究-中国 ②农民收入-收入增长-研究-中国 Ⅳ.①F832.35 ②F323.8

中国版本图书馆 CIP 数据核字（2021）第 205941 号

责任编辑：刘　悦　杜　鹏
责任校对：王肖楠
责任印制：邱　天

中国金融发展与农民收入增长的理论与实证研究
卢立香　著
经济科学出版社出版、发行　新华书店经销
社址：北京市海淀区阜成路甲 28 号　邮编：100142
编辑部电话：010-88191441　发行部电话：010-88191522
网址：www.esp.com.cn
电子邮箱：esp_bj@163.com
天猫网店：经济科学出版社旗舰店
网址：http://jjkxcbs.tmall.com
固安华明印业有限公司印装
710×1000　16 开　9.5 印张　170000 字
2021 年 12 月第 1 版　2021 年 12 月第 1 次印刷
ISBN 978-7-5218-2954-9　定价：48.00 元
（图书出现印装问题，本社负责调换。电话：010-88191510）
（版权所有　侵权必究　打击盗版　举报热线：010-88191661
　QQ：2242791300　营销中心电话：010-88191537
　电子邮箱：dbts@esp.com.cn）

前　言

本书意在研究中国金融发展对农民收入增长的影响渠道及影响效应。改革开放初期，农民人均纯收入稳定快速增长，但是，伴随着经济的快速发展，收入差距特别是城乡收入差距持续扩大，尤其是 20 世纪 90 年代以来，农民收入增长缓慢，城乡居民收入差距问题有严重化趋势。缩小城乡收入差距，增加农民收入，不仅是解决"三农"问题的关键，同时也关乎我国整体经济增长的大局，唯有农民收入水平切实得以较快的提高，才能从根本上改变我国城乡收入差距的扩大对经济增长的抑制效应，并以此切实促进"三农"发展和整体经济增长。

从现实层面上看，增加农民收入的实现途径主要包括培育和完善农村要素市场、保持农业的稳定持续发展、优化产业结构调整和推动农村劳动力转移等，这些都直接或间接依赖于农村金融和城镇金融的发展和支持。然而，实际考察中国经济发展、金融发展和农民收入增长的相关指标可以发现，在中国经济快速增长、城镇金融迅速发展的同时，农民收入并没有出现与之相匹配的增长幅度。同时，农民收入主要由农民家庭经营净收入和农民工资性收入组成，根据对农民收入结构变化特征的分析可知，农民越来越依赖于工资性收入，因此，影响和决定农民收入的因素应该由影响和决定农民家庭经营净收入和农民工资性收入这两种收入渠道的因素构成。本书认为，金融发展对农民收入的影响主要是由农村金融发展对农民家庭经营净收入的影响和城镇金融发展对农民工资性收入的影响共同决定的，农村金融发展和城镇金融发展对农民收入的影响主要取决于农村物质资本投资的增加、农村人力资本投资的增加、城镇产业结构的变化和农村剩余劳动力的转移。

与以往的研究相比，本书的创新之处在于：把城镇金融发展要素引入农民收入增长的分析中，为金融发展对农民收入增长的影响机制建立起一个较为完整的分析框架，认为农村金融发展主要影响农民家庭经营净收入，城镇金融发展主要影响农民工资性收入；同时分析了农村金融发展影响农民家庭经营净收入的理论机制和城镇金融发展影响农民工资性收入的理论机制,并利用实际统计数据对上述理论解释进行了实证检验。

从整体结构来看,本书采用了现状描述—模型推导—实证分析的研究思路,主要内容如下。

首先,本书对中国金融发展影响农民收入增长进行了理论解释。在"贷款难、担保难"的农村融资困境现象之下,"二元"金融发展制度及相对应的金融发展结构是更深层次的原因,在此基础上,本书分析了农村金融发展对农民家庭经营净收入增长的影响机制和城镇金融发展对农民工资性收入增长的影响机制。本书认为,农村金融发展通过影响农村地区的物质资本投资和人力资本投资而影响农民家庭经营净收入的增长,城镇金融发展通过影响农村剩余劳动力转移和城市经济结构变化而影响农民工资性收入的增长,从而农村金融发展和城镇金融发展通过四条渠道来最终影响农民收入增长,即通过影响农村物质资本投资、人力资本投资、农村剩余劳动力转移以及产业结构变化共同影响了农民整体收入的增长,因此,必须制定相关政策和措施保证每一条影响渠道的畅通,才能充分发挥金融发展对农民收入增长的影响效应。

其次,本书对中国农民收入水平及收入结构的变迁过程进行了分析。改革开放初期,农民人均纯收入稳定快速增长,之后,我国农民收入增长缓慢,远远低于城镇居民收入的增长幅度,然而,近年来,农民收入增长又开始加快步伐。从农民收入构成上看,2015年之前农民家庭经营净收入大于农民工资性收入,但其重要性呈现出逐渐减弱的趋势,工资性收入在农民收入中的比重不断上升;从2015年开始,农民工资性收入大于农民家庭经营净收入,农民收入增长由过去更多依靠家庭经营净收入转变为更多依靠工资性收入的增长。同时,非农业收入在农民收入中所占的比重不断上升,农业收入在农民收入中所占的比重不断下降,目前非农业收入的比重已经超过农业收入的比重;农民收入增长已由过去农业收入和非农业收入并驾齐驱转变为更多地依靠非农业收入的增长。

再次,本书采用统计和计量分析方法,对中国农民收入状况、农村物质资本投资、农户人力资本投资、产业结构变化、农村剩余劳动力转移、农村金融发展状况和城镇金融发展状况进行了测度。在此基础上,一是实证检验农村物质资本投资、农户人力资本投资、产业结构变化和农村剩余劳动力转移对中国农民收入增长的影响;二是实证检验中国农村金融发展和中国城镇金融发展对农村物质资本投资、农户人力资本投资、产业结构变化和农村剩余劳动力转移的影响效应；三是对中国农村金融发展和中国城镇金融发展对农民收入的作用进行检验。

最后，本书在总结相关结论的基础上，给出相关政策建议。本书认为，应该加强农村金融产权制度建设、大力发展新型农村金融机构和农村小额信贷、继续深化农村信用社改革、实现农村正规金融和农村非正规金融的竞争与互补、继续推进各种农业保险和实行区域性的金融货币政策，促进地区金融均衡发展。

卢立香

2021 年 7 月

目　　录

第1章　导　　论 ··· 1
  1.1　问题的提出 ··· 1
  1.2　论文的研究思路和框架 ··· 6

第2章　文献综述 ·· 11
  2.1　相关理论回顾 ··· 11
  2.2　金融发展与农民收入关系研究述评 ···································· 24
  2.3　本章小结 ··· 28

第3章　中国金融发展影响农民收入增长的理论分析 ······················· 29
  3.1　影响中国农民收入增长的金融制度分析和金融结构分析 ······ 29
  3.2　中国农村融资困境的理论解释 ·· 52
  3.3　中国金融发展对农民收入增长的影响渠道分析 ··················· 64
  3.4　本章小结 ··· 79

第4章　中国农民收入的变迁过程分析 ·· 81
  4.1　中国农民收入的变迁过程及现状分析 ································ 81
  4.2　中国农民收入结构的变迁过程分析 ···································· 85
  4.3　本章小结 ··· 91

第5章　中国金融发展对农民收入增长影响过程的实证分析 ············· 92
  5.1　中国农民收入增长直接影响因素的实证分析 ····················· 93
  5.2　中国金融发展对农民收入增长影响渠道的实证分析 ··········· 96

5.3 中国金融发展对农民收入增长的影响分析 ………………… 102
5.4 本章小结 ……………………………………………………… 118

第6章 结论、政策建议及研究展望 …………………………… 120
6.1 相关结论 ……………………………………………………… 120
6.2 政策建议 ……………………………………………………… 121
6.3 研究展望 ……………………………………………………… 127

参考文献 …………………………………………………………… 128

第1章 导 论

1.1 问题的提出

1.1.1 研究背景

农业、农村、农民问题是关系国计民生的根本性问题，解决好"三农"问题是重中之重。改革开放以来，我国经济经过40多年的快速发展已经进入了一个新的阶段，2018年的人均国内生产总值（GDP）已经达到64644元，但与经济快速发展相伴随的突出问题就是较大的城乡居民收入差距。改革开放初期，农民收入①稳定增长，城乡收入差距有所下降，但是20世纪90年代以来的很长一段时间，农民收入增长缓慢，农民收入的增长幅度明显低于城镇居民收入的增长幅度，两者之间绝对额的差距逐年扩大。统计数据显示，城乡居民人均收入比由1978年的2.57∶1扩大为2008年的3.36∶1，近些年虽然城乡居民人均收入比有所下降，但是仍然高于改革开放初期的水平，并且城乡居民人均收入的绝对差距逐年增加，2008年城乡居民人均收入的绝对差距首次超过1万元，2018年则达到24634元。党的十八大以来，我国城乡居民收入增长较快，城乡居民收入差距有所下降，但即使到2018年，我国农民居民人均可支配收入只有14617元，农村居民人均可支配收入中位数达到13066元，根据全国居民五等份收入分组，中间偏下收入组人均可支配收入为14361元，说明我国广大农村居民主要是属于中间偏下收入组，此外，经过近几年成效卓著的脱贫攻坚，到2018年末，我国农村贫困人口还有1660

---

① 本书中的农民收入是指《中国统计年鉴》中的农村居民家庭人均净收入。

万人，距离我国政府制定的 2020 年全面建成小康社会及贫困人口全部脱贫目标的实现仅有两年的时间，这都说明持续增加我国农民收入具有必要性和紧迫性①。

从国际比较来看，发达国家消费对 GDP 增长的贡献明显高于我国，2017 年，我国最终消费对 GDP 增长的贡献达到 58.8%，未来还有很大的增长空间。根据国家发改委发布的《2017 年中国居民消费发展报告》，2017 年我国消费占 GDP 的比重达到 53.6%，这是自 2012 年以来我国最终消费支出占 GDP 的比重连续 6 年超过 50%，说明消费需求在我国经济增长过程中发挥的作用越来越显著②。为了实现消费的持续增长，尤其是实现居民消费的持续增长，居民收入水平和结构必然也要得到相应的改善，才能更好地发挥收入对消费的支撑作用。由于低收入群体的边际消费倾向普遍高于高收入群体的边际消费倾向，因此，增加作为低收入群体的农村居民的收入自然会更大程度上增加消费对经济增长的贡献。

在未来相当长的一段时间里，农村人口在我国总人口中还会占相当大的比重，农业、农村和农民问题始终会是我国经济改革和发展过程中的大问题。这都说明，未来我国农村居民增收问题依然严峻，依然是关系我国经济高质量发展的关键问题。"三农"问题的核心是农民问题，解决"三农"问题的关键是，在保持农业持续稳定发展的同时，持续增加农民收入，不断缩小城乡之间和地区之间的差距。

国际发展经验表明，当人均 GDP 位于 1000 美元左右时③，收入差距的扩大能影响经济的长期增长，同时众多学者的理论研究和实证研究也表明，在经济发展的早期阶段或经济处于较低水平时，物质资本积累是经济增长的源泉，收入差距的扩大有利于物质资本的积累，因此，适当的收入差距有利于经济增长；当人均 GDP 位于较高水平时，人力资本对于推动经济增长逐渐起到主导作用，但收入差距的扩大制约了低收入者增加人力资本投资，因此，此时收入差距扩大不利于经济增长（Barro，1991、1997、2000；Persson & Tabellini，1994；Perotti，1996；Aghion et al.，1999；Forbes，2000；Panizza，2002；Galor & Moav，2004；Frank，2005）。国内学者的研究也印证了上述观点，即改革初期的城乡收入差距促进了经济增长，而现阶段城乡收入差距的

---

①② 根据相关年份《中国统计年鉴》和《中华人民共和国国民经济和社会发展统计公报》。

③ 按第一次全国经济普查后重新修订的 GDP 数据计算，我国人均 GDP 于 2001 年首次突破 1000 美元。

扩大对经济增长产生了阻碍作用（陆铭，2005；王少平、欧阳志刚，2007）。基于上述事实分析，缩小城乡收入差距、增加农民收入不仅是解决"三农"问题的关键，同时也关乎我国整体经济增长的大局，唯有农民收入水平切实得以较快地提高，才能从根本上改变我国城乡收入差距的扩大对创建和谐社会和经济发展的抑制效应。因此，实现农民收入的稳步快速增长是中国经济发展过程中的重要课题，也是我国全面建成小康社会的必经之路。

1.1.2 问题的提出

从理论层面来看，增加农民收入的实现途径主要包括增加农村物质资本投资和农村人力资本投资、促进产业结构调整、加快农村剩余劳动力转移以及加大财政支农力度等，所有这些都直接或间接依赖于农村金融和城镇金融的发展和支持。考察中国整体经济发展、金融发展和农民收入增长的相关指标可以发现，改革开放以来，尤其是20世纪90年代以后的很长一段时间，在中国经济持续高速增长、城镇金融发展迅速的同时，农民收入增长并没有出现与之相协调的景象，这引起我们对于我国金融发展与农民收入增长关系的思考，让我们深入思考我国金融发展对农民收入增长的影响渠道以及我国金融发展是否促进了农民收入增长。

很长一段时间以来，金融发展与收入分配关系的探讨被包含在金融发展与经济增长关系的探讨中。金融发展与经济增长之间的关系已经得到了众多国内外学者的关注和研究。早在18世纪末和19世纪初，亚当·斯密（Adam Smith，1776）和大卫·李嘉图（David Ricardo，1817）等古典经济学家早就认识到银行可以作为转移资本的工具，成为信用的媒介，节省流通费用，减少一国非生产性资本的占用以及积聚零散的民间资本，促进社会现实资本的使用，从而促进经济增长。克努特·维克塞尔（Knut Wicksell，1898）在《利息与价格》中指出，货币不只是罩在实体经济上的"面纱"，并且通过利率将货币与实体经济联系起来，通过自然利率和市场利率（又叫"货币利率"）之间的调整，形成了经济上升或者下降的"累积过程"，从而突破了货币与实体经济之间彼此分离的"两分"框架，对货币与实体经济的关系研究做出了巨大贡献，对后来的凯恩斯和托宾的经济思想都有深刻的启发。熊彼特（Schumpeter，1934）发现，银行中介不仅有媒介资本的功能，而且还有信用创造的功能，即银行通过货币创造，将资金不断地投向创新活动领域，从而促进经济增长。戈德史密斯（Goldsmith，1969）的《金融结构与金融发展》正式开创了研究金融发展问题的先河，麦金农和肖（Mckinnon & Shaw，1973）在其分别出版的《经济发展中的货币与资本》和《经济发展中的金融深化》中把发展中国家经济落后归咎于金融抑制，认为实施金融深化战略有利于本国经济的发展，从而提出了"金融抑制"理论与"金融深化"理论，标志着金融发展理论的正式创立。之后学者们在此基础上逐渐认识到金融体系在动员储蓄、分散风险、甄别项目、监控企业、平滑交易、居民财富增长和优化资源配置等方面所发挥的积极作用，肯定了金融发展对经济增长的显著正向作用。此后，卡普（Kapur，1976）和马西森（Mathieson，1980）从发展中国家实际生产企业的资本需求出发，证明了金融发展对经济增长的重要性。加尔比斯（Galbis，1977）提出了两部门金融发展理论。弗莱伊（Fry，1988）提出了稳态金融发展模型。这些理论从不同角度对麦金农和肖的理论进行了扩展，但还是没有突破他们的理论框架，直到20世纪90年代，以赫尔曼、默多克和斯蒂格利茨（Hellmanmn，Murdock & Stiglitz，1997）的"金融约束理论"和一些具有微观基础的理论模型为代表的内生增长理论被引入金融发展理论之中，才使金融发展理论的研究获得了较大的突破。在实证研究方面，众多国内外学者检验了金融发展与经济增长的关系（King & Levine，1993；Levine & Zervos，1998；Levine，Loayza & Berk，2000；Rousseau，2002；Beck & Levine，2004），其中许多研究表明两者存在显著的长期正相关关系。同时，中国金融发展与经济增长之间的关系也得到了众多学者的研究（宾国强，1999；谈儒勇，2000；韩廷春，2002；史永东等，2002；王志强等，2003；沈坤荣等，2004；王晋斌，2007），其中许多研究表明中国金融发展促进了经济增长。

专门研究中国金融发展与居民收入关系的文献，尤其是研究金融发展与农民收入关系的文献，却相对较少。正如温涛等（2005）指出"金融发展与农民收入增长关系的研究，一直被隐含在金融发展与经济增长的研究之中……金融发展与农民收入增长的关系自然地被金融发展与经济增长的正向关系所替代"。温涛等（2005）的研究发现，中国金融发展对农民收入增长具有显著的负效应，因此，用金融发展与经济增长的正向作用关系直接替代金融发展与农民收入增长的关系，是与我国经济发展的事实不相符合的；同时，他们的研究还发现，农民收入与农村金融发展水平之间不存在长期的关系。许崇正和高希武（2005）的研究也发现，信贷投资对于农户人均收入的影响不显著，农村金融对于农民增收的支持不力。王虎和范从来（2006）得出的结论与上述中国金融发展不利于农民收入的结论不同，研究结果表明，金融发展对于农民收入有促进作用，但是金融发展也显著拉大了城乡收入差距。考虑到农村不只存在正规金融，也存在非正规金融，因此，有一些学者研究了农村正规金融与农村非正规金融对农民收入的影响效应（Dolla，2011；Davide，2014；刘玉春等，2013；李祎雯和张兵，2016）。然而上述文献更多是基于中国整体的研究，缺乏对不同地区内部金融发展与农民收入关系的具体研究。与此同时，我国经济发展水平和金融发展水平地区间巨大差距的存在（胡鞍钢等，1995；林毅夫等，1998；蔡昉等，2000；周立、胡鞍钢，2002；周立、王子明，2002），使金融发展与农民收入水平的关系在地区层面必然也会表现出非完全一致的关系。因此，我们不能只停留在国家层面，必须深入地区层面，才能够把握基本的现实，得出符合实际的研究结论。所以对中国各地区金融发展和农民收入水平的研究，将进一步丰富金融发展和农民收入水平的研究成果，为进一步的研究提供新的经验性证据。因此，本书将在分析金融发展对农民收入增长理论影响渠道的基础上，从实证的角度来检验中国各省份金融发展对农民收入增长的影响效应，并给出相关结论。

根据对农民收入结构变化特征的分析，随着经济的发展和劳动力流动的障碍逐渐消除，整体来说，农村居民净收入主要由农民家庭经营净收入和农民工资性收入构成，因此，影响和决定农民收入的因素应该主要由影响和决定农民家庭经营净收入和工资性收入的因素构成。而金融发展会通过影响物质资本存量、农村地区的人力资本、产业结构的变化、农村劳动力的转移等因素来影响农民家庭经营净收入和工资性收入，进而对农民的整体收入产生影响。之前的相关文献在分析金融发展和农民收入的关系时，往往局限于农村金融发展和农民收入的关系，而忽视了中国城镇金融的发展对农民收入增长的影响机制和影响效应。因此，本书将在分析农民收入结构变迁过程的基础上，通过构建理论模型，分别分析农村金融发展对农民家庭经营净收入的影响机制和城镇金融发展对农民工资性收入的影响机制。

现在有很多经济现象，尤其是一些中国的经济现象，不能直接用现有的理论解释，如果能用经济学的基本框架和研究方法[①]去分析现象背后的逻

[①] 参见钱颖一. 理解现代经济学［J］. 经济社会体制比较，2002（2）；田国强. 现代经济学的基本分析框架与研究方法［J］. 经济研究，2005（2）.

辑，并基于对经济环境的不断认识和重新刻画①，从经济现象中抽象出关键性的限制条件，就会比较容易构建一个可能能够解释现象的理论模型，从而在前人工作的基础上不断地改进现有理论或者提出新的理论并进行验证，从而得出对问题解决有指导意义的政策建议。本书基于此种对经济学的理解，研究我国金融发展对农民收入增长的影响机制问题并进行实证检验。

1.2 论文的研究思路和框架

1.2.1 研究意义

1.2.1.1 现实意义

本书根据对农民收入结构变化特征的分析，发现农民工资性收入在农民整体收入中所占的比重越来越大，因此，影响和决定农民收入的因素应该由影响和决定农民家庭经营净收入和农民工资性收入这两种收入渠道的因素构成。鉴于此，除了农村金融发展对农民来自农村的收入有重要影响以外，城镇金融发展也会通过影响资本存量、产业结构的变化、农村劳动力的转移、农村地区的人力资本等因素来影响农民收入，尤其是影响农民来自农村以外的收入。在此基础上，本书首先提出了农村金融发展影响农民家庭经营净收入的理论模型和城镇金融发展影响农民工资性收入的理论模型；其次实证检验了中国各地区城镇金融发展和农村金融发展对农民收入增长的影响效应，从而进一步丰富金融发展和农民收入增长关系的研究成果，为进一步的研究提供新的经验性证据；最后给出了相关研究结论和政策建议。

---

① 通过"基于对经济环境的不断认识和重新刻画"，会导致对经济环境有不同的界定，从而提出不同的经济理论，例如宏观经济学中有众多的学派：凯恩斯学派、后凯恩斯学派、理性预期学派（或称为新古典主义学派）、货币主义学派、供给学派和新制度学派等，这些理论之间的差异，主要是刻画经济环境的差异所造成的。参见田国强．现代经济学的基本分析框架与研究方法［J］．经济研究，2005（2）．

1.2.1.2 理论意义

现有理论较少涉及中国金融发展对农民收入增长的影响机制问题，本书按照《中国统计年鉴》的分类，主要研究了金融发展对农民收入中的农民家庭经营净收入和农民工资性收入的影响渠道和影响效应，分别建立理论模型研究了农村金融发展对农民家庭经营净收入的影响机制和城镇金融发展对农民工资性收入的影响机制。

1.2.2 研究方法

本书所使用的研究方法主要包括：博弈论和信息经济学方法、数理经济学分析方法以及实证经济学分析方法和规范经济学分析方法。

1.2.2.1 博弈论和信息经济学方法

博弈论和信息经济学方法论的广泛应用几乎重塑了现代经济学的主要部门。博弈论作为一种方法论在不完全信息、不完全合约、不完全市场等的机制约束条件下，创新了企业机制和运作的研究，建立了卓有成效并有一定可操作性、应用性和现实性的博弈策略模型。本书在对中国农村融资困境进行理论解释的过程中运用不完全信息动态博弈理论对农业贷款市场机制下的信贷配给的形成过程进行理论分析，剖析农村贷款难的原因。

1.2.2.2 数理经济学分析方法

数理经济学着重研究经济变量之间的关系[①]。本书在分析农村金融发展和城镇金融发展对农民收入增长影响机制的模型构建过程中，对影响机制进行抽象的整体模型描述，证明存在"二元金融结构"和农村融资困境的条件下，农村金融发展和城镇金融发展对农民收入增长的影响渠道。

---

① 茅于轼在《经济学所用的思考方法》中指出，"经济学是研究物质利益的学问，而物质利益几乎和每个人都有关系""阶层之间，行业之间，消费者与生产者之间都存在着利益矛盾""作为一个经济学家应该尽可能客观地来分析和认识这些问题"。

1.2.2.3 实证经济学分析方法和规范经济学分析方法

实证经济学是独立于任何特别的伦理观念或规范判断的[①]，它要解决的是"是什么"，而不是"应该是什么"一类的问题。而规范经济学是以一定的价值判断为基础的对实证经济学的应用，这种价值判断被认为是超出理性的，具有内在的主观性。本书的研究多属于实证经济学的范畴，即分别寻找到中国农村金融发展和城镇金融发展对农民收入增长的影响渠道，并且运用1986~2017年中国各地区的统计数据实证检验农村金融发展和城镇金融发展对农民收入增长的影响效应，在得出相关实证结论的前提下，对促进农民收入增长的农村金融发展和城镇金融发展路径提出相关政策建议。

1.2.3 研究思路与框架

农民收入较快增长的实现取决于一系列因素，本书认为，在"二元金融结构"下，农村金融和城镇金融的发展是不同步的，农村金融发展和城镇金融发展主要是通过影响农村地区的物质资本投资、农民人力资本投资、城镇产业结构变化和农村剩余劳动力转移来实现的，并且通过实证分析检验了农村金融发展和城镇金融发展对农民收入增长影响效应的大小。本书共分为六个部分。

第1章：导论。本部分主要包括问题的提出、研究思路、研究方法、可能的创新点以及不足之处和内容框架。

第2章：文献综述。本部分主要包括金融发展理论研究述评、农民收入增长研究述评和金融发展与农民收入增长关系的研究综述。

第3章：中国金融发展影响农民收入增长的理论分析。在"贷款难、担保难"的农村融资困境现象之下，"二元"金融发展制度和"二元"金融发展结构是阻碍农民收入增长的更深层次原因，在此基础上，本部分分析了中国农民收入增长的直接影响因素，并具体阐述了农村金融发展对农民家庭经营净收入增长的影响机制和城镇金融发展对农民工资性收入增长的影响机制。

[①] Milton Friedman. The Methodology of Positive Economics, Essays in Positive Economics [M]. University of Chicago Press, 1953.

第4章：中国农民收入的变迁过程分析。本部分主要包括对中国农民收入水平的变迁过程分析及对收入结构的变迁过程分析。

第5章：中国金融发展对农民收入增长影响过程的实证分析。本部分采用统计和计量分析方法，对中国各地区农民收入状况、农村金融发展状况和城镇金融发展状况进行了测度，发现地区间农民收入水平、农村金融发展水平和城镇金融发展水平的差异性显著。本部分分别实证检验了各地区农村金融发展水平和城镇金融发展水平对农民收入整体收入的影响，并给出了相关实证结论。

第6章：结论、政策建议及研究展望。本部分是本书的最后一部分，主要是对全书内容进行总结，提出相应的政策建议，并给出进一步的研究展望。

1.2.4 创新点

本书最大的也是最可能的创新就是把城镇金融发展这个要素引入农民收入增长的分析中，从而为金融发展对农民收入增长的影响机制建立起一个更为完整的分析框架。具体表现在以下方面。

从金融发展的视角来看，现有理论较少涉及中国金融发展对农民收入增长的影响机制问题，本书按照《中国统计年鉴》的分类，主要研究了金融发展对农民收入中的农民家庭经营净收入和农民工资性收入的影响渠道和影响效应，尝试建立理论模型研究农村金融发展对农民家庭经营净收入的影响渠道和影响过程。

在分析农村金融发展影响农民家庭经营净收入的影响渠道的理论模型基础上，本书建立理论模型研究了城镇金融发展对农民工资性收入的影响渠道和影响过程。

考虑到中国不同地区金融发展和农民收入的巨大差异性，本书在实证检验金融发展对农民收入增长的影响机制的过程中，对中国各地区农村金融发展和城镇金融发展对农民收入增长的总体影响效应进行了实证检验。

1.2.5 不足之处

在研究中国金融发展对农民收入的影响效应的过程中，本书把农村金融发展和城镇金融发展这两个要素引入农民收入增长的分析中，力图为金融发展对农民收入增长的影响机制建立起一个较为完整的分析框架，但还是有一些不足之处有待于日后继续改进。

一些地区的非正规金融对农民收入增长的重要性甚至超过了正规金融的重要性，但是由于非正规金融数据的难以获得，本书只是实证检验了正规金融发展（包括农村正规金融和城镇正规金融）对农民收入增长的影响。

一些指标的测度在很大程度上由中国统计资料的现状所决定，影响了测度的准确性。例如，城镇金融发展的指标采用存贷款的数据来测度城镇金融发展规模和城镇金融发展效率，但是在中国并非贷款越多，城镇金融发展就越好，因为在中国有相当一部分贷款具有"政策性"，而非依据市场效率来运作，限于统计资料，也只能暂时如此。

第 2 章 文献综述

2.1 相关理论回顾

2.1.1 金融发展理论研究述评

戈德史密斯（Goldsmith, 1969）最早给出了金融发展的定义，即不同种类的金融工具与金融机构的相对规模及其作为金融上层建筑与经济基础之间的关系组成一国的金融结构，金融结构由一种状态向另一种状态的演变就是金融发展，金融发展是金融结构的变迁。麦金农（Mckinnon, 1973）在《经济发展中的货币与资本》中使用的是与"金融发展"类似的"金融增长"概念，其中，金融增长的标志包括两个部分内容：一是指金融变量的增长，如货币供应增长、货币需求增加；二是指金融变量与宏观经济变量的比率增长，如货币或金融资产/名义收入、储蓄/GNP 等。几乎同时，肖（Shaw, 1973）在《经济发展中的金融深化》中使用的是"金融深化"概念，主要有四个特征：一是存量金融资产的品种范围扩大，期限种类增多，经济总量的相对规模增加；二是金融资产流量上要依赖国内储蓄，而不是财政与国外；三是金融体系规模扩大、机构增加，更加专业化；四是利率更准确地反映投资替代消费的机会。之后肖和格利（Shaw & Gurley, 1979）明确阐述了金融发展的概念：金融发展主要指各类金融资产和各种金融机构的增多，由初始金融制度向深化的金融制度发展，最先表现在金融资产种类与数量的增加上。鉴于上述各种金融发展概念，我们认为，金融发展（financial development）是指在金融增长的前提下，一国金融状态从传统社会走向现代社会的渐进过程，主要指各类金融资产种类与数量的增多及各种金融机构的建立，表现为各种非货币金融资产和非银行金融中介机构的大量出现和发展。一个国家或地区的金融发展的状况可以通过该国与别国或该国的不同历史时期的金融结构变化的情况反映出来，它包括各种金融工具和金融机构的性质、经营方式及其规模的变化，各种金融中介的分支机构情况及其活动的集中程度，金融资产总额及其占国内生产总值、资本总额、储蓄总额等经济总量的不同比重等。

过去几十年来，金融发展理论主要研究的是金融体系与经济增长的关系，事实上两者的关系从古至今已经得到了众多学者的关注和研究，但其结论众说纷纭。归纳起来，关于金融发展与经济增长的关系，迄今的研究共有三种观点。

第一种观点认为，金融发展能够有效促进经济增长。在18世纪末和19世纪初，亚当·斯密和大卫·李嘉图就认识到银行可以通过信用流通工具的创造节省流通费用，减少一国非生产性资本的占用以及积聚零散的民间资本，促进社会现实资本的占用而促进经济增长。约瑟夫·熊彼特（Joseph Schupeter, 1912）发现，良好的银行体系不仅具有媒介资本的功能，还能够甄别和投资那些具有创新产品和创新工艺的项目，从而提高资源配置效率，进而促进了科技创新和经济增长。戈德史密斯（Goldsmith, 1969）的《金融结构与金融发展》正式开创了研究金融发展问题的先河，奠定了金融发展理论的基础，指出金融发展理论的职责在于找出决定一国金融结构、金融工具存量和金融交易流量的主要经济因素。1973年，麦金农和肖在其分别出版的《经济发展中的货币与资本》和《经济发展中的金融深化》中提出了"金融抑制"理论与"金融深化"理论，标志着金融发展理论的正式创立。他们认为，发展中国家的政府为了刺激投资，利用行政力量人为地压低利率，并对信贷实行配额配给，扭曲了资源的配置。其结果是政府所能满足的往往只是重点发展的现代部门和国有大中型企业或少数特权阶层的资金需求，而为数众多的中小企业和农户则被排斥在金融市场之外，这必然会加剧经济和金融的二元化倾向，因此，只有实施金融深化战略，才能带来储蓄效应、投资效应、就业效应和收入效应，才能有利于本国经济的发展。此后学者们在此基础上逐渐认识到金融体系在动员储蓄、分散风险、甄别项目、监控企业、平滑交易以及优化资金配置等方面所发挥的积极作用，肯定了金融发展对经济增长的显著正向作用。此后卡普（Kapur, 1976）研究了劳动力过剩且固定资本闲置的欠发达封闭经济中金融深化问题，认为生产企业中固定资本与流动资本之间总是保持着固定比例关系，在固定资本闲置的条件下，企业能够获得多少流动资金便成为决定产出的重要因素。马西森（Mathieson，1980）指出，经济增长归根到底是受银行贷款供给的制约，而银行贷款的供给又在很大程度上受到存款的实际利率的影响，为使经济得以稳定增长，就必须使实际利率达到均衡水平，因而必须取消利率管制，推进利率市场化，实行金融自由化。加尔比斯（Galbis，1977）提出了两部门金融发展理论，指出金融资产实际利率过低是金融抑制的主要表现，是阻碍经济发展的重要因素，为了克服金融抑制，充分发挥金融中介在促进经济增长和发展中的积极作用，必须把金融资产的实际利率提高到其均衡水平，即提高到使可投资资源的实际供给与需求相平衡的水平。弗莱伊（Fry，1988）提出了稳态金融发展模型，认为投资的规模和效率是经济增长的决定因素，而在发展中国家这两者又都在很大程度上受货币金融因素的影响。这些理论从不同角度对麦金农和肖的理论进行了扩展，但还是没有突破他们的理论框架，直到20世纪90年代，一些经济学家在汲取内生增长理论的重要成果的基础上，从效用函数入手，建立了各种各样的具有微观基础的理论模型，他们在模型中引入了诸如不确定性（偏好冲击、流动性冲击）、不对称信息（逆向选择、道德风险）和监督成本之类的与完全竞争模型相悖的因素，对金融中介和金融市场的形成做了规范意义上的解释，并采取了比较研究的方法，即比较当事人在不同情况下的效用水平，据此论证金融中介和金融市场存在的合理性。这些具有微观基础的金融发展理论的最大贡献在于对金融发展作用于经济增长的机制做出了全面而规范的解释。与"金融抑制"理论和"金融深化"理论不同，赫尔曼、默多克和斯蒂格利茨（Hellmanmn，Murdock & Stiglitz，1997）指出，发展中国家和转型国家更适宜于走"金融约束"的金融发展道路。金融约束是指一组金融政策，例如对存贷款利率加以控制、对金融市场进入和竞争加以限制等，这些政策旨在为金融部门和生产部门创造租金或者提高金融市场的效率。这里的租金不是指无供给弹性的生产要素的收入，而是指收益中超出竞争市场所能产生的部分。在金融约束下，由于利率低于市场利率，存在"无谓的损失"（deadweight loss）。另外，在金融约束下，金融部门所得到的存款的安全性增加，金融中介的效率提高，从而吸引更多的储蓄，供给曲线向外移动，社会福利增加。可以说，金融约束是发展中国家从金融抑制状态走向金融自由化过程中的一个过渡性政策，它针对发展中国家在经济转轨过程中存在的信息不畅、金融监管不力的状态，发挥政府在市场失灵时的作用，因此，它并不是与金融深化完全对立的政策，反而是金融深化理论的丰富与发展。在"金融深化"的基础上，德米尔·昆特、贝克和霍诺汉（Demirgü-Kunt, Beck & Honohan, 2008）提出了"金融宽化"概念，"金融宽化"并不是指给没有偿债能力的经济主体提供贷款，而是指降低金融行业的准入门槛，为更多经济主体提供融资机会，进而减缓贫困和促进收入分配。尽管采用了不同的假定，这些研究大多在严格的理论模型基础上论证了金融发展对于经济增长的促进作用，且侧重于强调银行（金融中介）在吸收储蓄和促进投资上的功能及其对经济增长的推动作用。金融发展与经济增长之间存在显著的长期正相关关系的结论得到了后来许多实证研究的支持（Fry, 1978、1988; Gelb, 1989; King & Levine, 1993; Levine, 1997; Levine & Zervos, 1998; Levine, Loayza & Berk, 2000; Rousseau, 2002; Beck & Levine, 2004; Fisman & Love, 2004）。

第二种观点则认为，金融发展对于经济增长来说是不重要的，金融发展只是被动地对经济发展做出反应：经济增长带来的收入增加促使人们需要更多的金融服务，也由此推动了金融发展，这种观点可称为"需求跟进论"（demand following theory）（Robinson, 1952; Patrick, 1966; Lucas, 1988; Stern, 1989）。罗宾逊（Robinson, 1952）宣称"实业导致了金融的发展"；卢卡斯（Lucas, 1988）认为"经济学家们过分夸大了金融和经济增长的关系"；辛格（Singh, 1997）也得出了股票市场发展无助于经济增长的结论。有些学者甚至持有金融发展会破坏经济增长的"金融破坏论"，爱德华·巴菲（Edward Buffie, 1984）和万·瓦伯根（Van Wijnbergen, 1983）认为，正式金融市场的发展会争夺非正式的民间市场（informal curb markets），从而会减少国内企业的可贷资金数量，进而阻碍了经济增长。

第三种观点认为，金融发展与经济增长之间的关系可能是双向互动的，且在不同制度背景下也许会表现出不同的结果。金融发展可能促进经济增长，而经济增长也可能促进金融发展。迪米崔德斯和侯赛因（Demetriades & Hussein, 1996）通过对16个国家的样本进行分析，得出金融发展与经济增长之间存在互为因果的关系，这不同于莱文（Levine, 2004）坚持的"只有金融发展是经济增长的原因"这种单向关系。单、莫里斯和休（Shan, Morris & Sun, 2001）对9个经济合作与发展组织（OECD）国家以及中国的研究则表明，样本中约1/2的国家的金融发展与经济增长之间存在双向关系，而少部分国家仅存在经济增长促进金融发展的单向关系，中国就是其中的一例。同时，即使是存在金融抑制的国家，金融发展与经济增长之间的关系也不尽一致，例如迪米崔德斯、德弗罗和鲁特尔（Demetriades, Devereux & Luintel, 1997、1998、2001）认为，印度的金融抑制阻碍了经济增长，而韩国的金融抑制则促进了经济增长。同时，持有这种观点的学者还指出，即使金融发展与经济增长之间存在显著的正相关关系，从技术上也不能认为金融发展是经济增长的原因。为弥补这一不足，也有学者采用多变量 VAR 模型对 1960~1993 年 41 个国家样本进行分析发现金融发展通过投资这一渠道促进了经济增长（Xu, Zhenhui, 2000）。由此可见，绝对不存在普遍的金融发展一定能够促进经济增长的结论，不同的国家、不同的制度背景和不同的经济发展阶段会得出不一致甚至相反的研究结论。

值得注意的是，近些年，越来越多的学者们开始关注金融发展与经济增长关系之外的相关问题，这些研究主要包括以下三个方面：一是金融发展促进经济增长的前提条件、影响渠道或者机制等方面。伴随着金融危机的爆发，大家逐渐认识到金融发展促进经济增长应该是有前提条件的，否则金融发展对经济增长甚至会起到负面作用。这些前提条件主要包括良好的制度（Johnson, McMillan & Woodruff, 2002；Loayza & Ranciere, 2006）、宏观经济的相对稳定（Lee & Wong, 2005；Galindo, Schiantarelli & Weiss, 2007）、财富收入分配相对合理（Perotti & Thadden, 2006；Roe & Siegel, 2011）、解决强大的利益集团问题和腐败问题（Tressel & Detragiache, 2008；Blackburn & Forgues-Purcio, 2010）、金融部门与实体经济部门平衡发展（Graff & Karmann, 2006；Ramcharan, 2010）。在金融发展促进经济增长的渠道和机制方面，金融部门可以通过分散风险、收集信息、降低信息不对称、促进储蓄向投资转换、优化资源配置、缓解流动性冲击等渠道来促进企业创新和促进经济增长。近年来，基于创新和技术进步对经济增长的核心作用，越来越多的学者们开始关注金融发展对企业创新的影响，研究发现，金融发展能够显著刺激经济增长（Ayyagari et al., 2011；李汇东等，2013；Gorodnichenko & Schnitzer, 2013；解维敏和方红星，2011），有些学者进一步研究了股票市场发展和银行信贷市场发展对技术创新的不同影响（钟腾和汪昌云，2017；Aggarwal & Hsu, 2014）。二是许多学者把金融体系视为一种要素禀赋，在一国要素禀赋并不丰富的情况下，可以试图通过金融来提升本国的比较优势进而促进经济增长（Rajan & Zingales, 1998；Rajan & Zingales, 2003；Braun & Larrain, 2005；Sharma Siddharth, 2007；Gorodnichenko & Schnitzer, 2013）。三是认为金融开放有利于引入竞争（Rajan & Zingales，2003）并推动国内进行各方面的制度改革（Mishkin，2009；Agenor Pierre-Richard，2004；Alfaroand Chanda，2006），同时也有学者们进一步指出，只有在良好的制度基础上金融开放才会避免金融危机和有利于本国经济增长（Johnson，Boone，Breach & Friedman，2006；Klein & Olivei，2008）。

2.1.2 农民收入增长研究述评

从20世纪50年代开始，收入分配研究的重心转向个人收入分配理论，即从国民收入在工资、利润间的分配转向由基尼系数描述的个体之间收入分配的不平等，并重点研究这种不平等与经济增长间的关系，收入分配问题成为经济理论研究的一个热点。与此同时，库兹涅茨（Kuznets，1955）提出了著名的"库兹涅茨"假说（又称倒"U"型假说）。他认为，在一国的经济发展过程中，如果按照经济发展水平的高低划分为不同阶段，则早期的经济增长将带来收入差距的扩大；中期经济增长趋于稳定，收入差距随之保持稳定；后期经济增长进入成熟阶段，经济增长放慢，此时收入差距则将不断缩小，即收入差距与经济增长之间服从倒"U"型曲线关系。此后，很多学者对收入分配问题进行了广泛的研究，主要集中在收入分配与经济增长的关系上（Ahluwalia，Carter & Chenery，1976；Deininger & Squire，1996；Acemoglu & Robinson，2002；Bourguignon，2003；The World Bank，2004）。关于收入分配的影响因素，主要包括以下三类：第一类是与经济增长有关的因素，例如经济增长率、投资率、外资状况、城市化率和城镇登记失业率等；第二类是收入再分配和社会保障，例如财政转移支付和基本社会保险的覆盖率等；第三类是制度方面的因素，例如市场化程度、非法收入等。

2.1.2.1 忽视农村发展的相关农民收入增长理论

（1）早期忽视农业发展的悲观论调。

亚当·斯密在《国富论》中具体阐述了受产业间收入差异的诱导，资本为取得收益而投入最活跃的生产要素的流向顺序，他写道："按照事物的自然趋势，进步社会的资本，首先大部分投在农业上；其次投在工业上；最后投在国际贸易上，这种顺序是极其自然的。我相信在所有拥有领土的社会，资本总是在某种程度上按照这种顺序投用的。"古典经济学代表人物李嘉图认为，土地存量是固定的；随着人口的增加，人们对土地、农产品需求将增加，并且土地的报酬递减，从而必将导致地租上涨；在工人获得的生存工资一定的条件下，工业利润会趋于零，资本积累—投资就因此失去了源泉，进而资本主义发展可能停滞，所以他主张废除"谷物法"，其目的是维护工业资本家的利益。显然，"悲观论调"把农业囿于固定不变的生产技术条件与组织条件中，因而是不符合实际的，也是不可取的。

(2) "剪刀差"理论。

该理论也称为"发展中国家贸易条件恶化论"或者"普雷维什—辛格命题"。普雷维什和辛格（Prebisch，1950；Singer，1950）认为，传统贸易学说关于分工和贸易使一切国家均占利益的说法与现实不符，在国际经济中，存在着以发达国家为中心和以发展中国家为外围不同质的国民经济。在国际贸易中，发展中国家主要输出农产品，发达国家则主要输出工业品，而工农业产品的比价不合理，存在"剪刀差"，农产品对工业品的贸易条件具有长期下降趋势。因此，发展中国家在国际贸易中长期处于不利地位。为了扭转这种不利地位，发展中国家应采取进口替代战略，使用国家计划、税收等其他手段，以工业化为中心，鼓励本国工业的发展，在争取国际经济环境改善的条件下实现经济发展，从而带动国内农业发展，这样才能提高农民的收入水平。

(3) 不均衡发展理论。

20世纪50年代末，发展经济学先驱人物之一阿尔伯特·赫希曼（Albert Hirschman，1958）认为，发展中国家不要均衡发展各项产业，而应该投资于那些能够产生更大带动效应的产业或部门，从而促进整个国家经济的全面增长。基于此，他提出了"连接环节"理论。该理论认为，一个部门在投入产出上与其他部门之间是有联系的。在这些联系中，一个部门和吸收它的产出的部门之间的联系称为"后向联系"，一个部门和向它提供投入的部门之间的联系称为"前向联系"。前后向关联的环节越长，对国民经济的带动作用越大。由于发展中国家资源有限，应当把有限的资源联系起来，先发展对国民经济有较大带动作用的产业，即关联环节长的产业。由于农业产品大多直接由生产者到消费者，至多多一个加工环节，因而农业部门缺乏关联效应，即关联环节较短，而工业部门的关联效应比农业部门大，关联环节长。因此，投资于工业比投资于农业更能促进经济增长。只有经济增长了，农业部门中的劳动者才能提高生活水平。

2.1.2.2 开始重视农村发展的二元结构理论

威廉·刘易斯（William Lewis，1954）提出发展中国家经济的二元结构理论模型，把发展中国家的经济划分为两个部门，一个是传统落后的农业部门；另一个是劳动生产率高的城市工业部门。经济发展主要是现代工业部门的扩大，而农业仅是向工业部门提供廉价劳动力。

二元结构理论认为，二元结构向现代一元结构转化的关键，就在于把农村剩余劳动力从农村传统部门转移到现代经济部门，它假定传统部门存在无限供给的剩余劳动力，这一部门的工资决定与劳动的边际生产率无关，而是由制度或习惯决定的。现代经济部门是通过吸纳农业中的剩余劳动力而扩张的。为了诱使劳动力放弃传统的乡村生活，现代经济部门提供的工资水平应略高于乡村的工资水平。在现代经济部门中，工资由劳动的边际生产率决定。在进行了上述假定之后，集中论述了经济发展就是一个不断扩张的现代经济部门吸收传统农业部门中剩余劳动力的过程，这一过程不断持续，直到农业中剩余劳动力被吸收殆尽。这时，传统部门的劳动生产率和工资水平开始提高，现代经济部门为了吸收劳动力，也必须提高工资。传统部门中的工资开始与劳动的边际生产率发生关系，二元结构的状况即告结束。这个过程称为二元结构理论模式。

2.1.2.3 农民收入增长的产权理论

从产权经济学的观点来看，人们之间相互交换资源的这种过程其实是人们对于资源不同权利的交换过程，也即产权的交换。产权作为一种社会工具，其重要性就在于事实上它们能帮助一个人形成他与其他人进行交易时的合理预期（Demsetz，1994）。这种预期会大大减少交易时的交易成本。正是产权的存在，决定了这种交换过程产生的收入的归属。不同的产权安排，其收入的分配也不同。如果资源的产权归一人所有，那么资源产生的收入也全部归其所有，而如果产权被分割为使用权、转让权和收益权并分属不同的个人，则其产生的收入也将在这些不同个人之间进行分割，他们各自得到相应的份额。关于资源的产权为什么被分割，巴泽尔（Barzel，1997）给出的答案是：一项资源往往有许多属性，这些属性完全由一个人占有往往并不是最有效率的安排，所以一项资源的产权往往被分割给不同的个人。

产权不仅会被分割，而且常常是残缺的。在产权经济学的文献里，有一个"产权残缺"的概念,说的是"完整的产权权利束里有一部分被删除"。对一部分产权权利的删除和限制,如果是普遍性的,那就还可以预期;如果是特殊的,那就难以预期,显然,这种难以预期对产权的损害将是非常严重的。周其仁(2001)认为,财富的产权界定状况对财富价值和对财富提供的收入流量,会产生决定性的影响。

2.1.2.4　中国农民收入增长理论研究述评

众多学者从不同方面、不同层次研究了中国农民收入增长问题。韩长赋(1999)、陈锡文(2001)、林毅夫(2002)等已经把新阶段农业和农村问题的核心归结为农民收入的增长问题。例如,许经勇(2001)研究了农民收入增长的阶段性;尚启军(1998)探讨了农民收入增长阶段性变化的原因;陈吉元(1998)较早地探讨了农民收入增长的体制性因素;林毅夫(2001)将制约农民收入增长的原因归结于农村基础建设的滞后;陈锡文(2001)、李宾和马九杰(2014)以及张宽等(2017)则认为,农村剩余劳动力的转移是影响农民收入增长的重要途径;罗发友(2002)等则通过计量分析得出了制度资源的拥有和就业结构的变动是影响农民收入增加的重要因素;许崇正(2003)主要从调整农业结构、拓展农民就业渠道以及规范农村转移支付制度对农民实行直接收入补贴等方面进行了研究;蔡昉和都阳(2011)从二元经济结构的角度认为,农业部门的劳动生产率长期低于非农业部门,这也会对农民收入增长产生相关的影响。但是中国金融发展对城乡居民收入的影响,尤其是对农村居民收入的影响却只有较少的学者关注,正如温涛等(2005)指出的"金融发展与农民收入增长关系的研究,一直被隐含在金融发展与经济增长的研究之中,金融发展与农民收入增长的关系自然地被金融发展与经济增长的正向关系所替代"。

(1)资源禀赋说。

在传统农业向现代农业转变过程中,学者们进行了大量的理论探讨,主要提出了两种农业发展理论,分别是"资源互补理论"和"诱导的技术变革与资源替代理论"。20世纪60年代,美国农业经济学家约翰·梅勒提出了"资源互补理论",指出投入农业的资源既包括传统资源,如劳动和土地,也包括现代资源,如提供刺激的机制、农业技术研究、物质投入的供给、为农业生产提供服务的各种安排(包括资金投入和良好的基础设施等)以及教育。这些投入的资源之间具有互补性,即如果只有一种生产要素投入增加,而其他互补的生产要素不增加，那么前者的边际产出就呈递减趋势，农业总产出的增加也就十分有限。对于发展中国家，一般来说，劳动这一传统资源较为丰富，但是资本、技术和教育却极为稀缺，若要提高农业原有要素的生产率从而增加农业总产出和农民收入，就应该大大增加对农业的资金投入和技术投入，同时也要致力于农户受教育水平的提高。同时，约翰·梅勒把传统农业向现代农业的转变过程划分为三个阶段，分别是技术停滞阶段、劳动密集型技术进步阶段和资本密集型技术进步阶段。不过该三阶段的划分主要适合于地少人多的国家，而不适合于人少地多的国家。70年代，日本农业发展经济学家速水佑次郎和美国农业发展经济学家弗农·拉坦提出了"诱导的技术变革与资源替代理论"。他们把农业技术进步分成两种类型：一是以代替劳动为主的机械技术进步；二是以代替土地为主的生物化学进步。同时认为，一个国家所选择的农业技术进步的类型不是外生的，而是内生于这个国家的资源禀赋状况和产品需求的增长状况，因此，这种理论被称为"诱导的技术变革与资源替代理论"。这种理论推导出的农业发展路径是建立在完善的市场体制上的，然而现实中发展中国家的市场制度往往是不完善的，这会对诱导型的技术变革产生负面影响，比较好的一点是，一个国家的农业技术进步仍然会受到资源禀赋条件的影响。

美国发展经济学家罗格纳·纳克斯（Ragnar Nurkse，1953）在《不发达国家的资本形成》一书中提出了"贫困恶性循环理论"。该理论认为，发展中国家的农村经济发展问题归根到底是实物资本短缺和贫困的恶性循环，即"农村资源生产率较低—农民收入水平较低—农民和农村地区的储蓄能力低—资本短缺—农村资源生产率低"，由此进入恶性循环。在农村经济发展中，资本是打破恶性循环的关键。

"资源互补理论""诱导的技术变革与资源替代理论""贫困恶性循环论"都充分说明了资源对发展中国家农村经济和农民收入增长的重要性。国内学者王雅鹏等（2001）认为，在同样的社会经济环境条件下，生产收入的高低主要取决于生产者所占有的资源及生产要素的多少。作为农民来说能给其带来收入的资源和要素主要是土地和劳动力，而资源（主要是耕地及其他资源）禀赋的先天不足，显然是农民收入增长的首要约束因素。刘俊杰等（2015）研究发现，农村土地产权制度改革通过交易和分工影响农民收入，能有效提高农民的工资性收入和财产性收入。冒佩华和徐骥（2015）研究认为，土地经营权流转能显著提高农民收入水平。完善农村承包地"三权"

（农村土地所有权、承包权和经营权）分置制度有利于拓宽农民增收渠道。另外，我国农民接受的较低水平教育应该也是制约其收入的重要原因。一方面，农民接受的教育水平的高低会影响他们的生产效率；另一方面，农村人口素质普遍较低，其从业渠道因其自身素质较低而受到限制，难以转入其他高收入行业。农民人力资本偏低是制约农民收入增长的关键因素。张建国（2000）认为，农民科学文化素质偏低主要表现在两个方面：一是农民的科技文化素质差，难以接受一些实用技术和方法；二是相当一部分农民观念陈旧，思想保守和小富即安的思想根深蒂固，不敢冒市场风险，不能积极主动地开辟增加收入的门路。关于农民人力资本对农民收入的影响研究，主要形成了以下观点：提高农民受教育程度有利于促进农民的非农收入增长（Iddo kan，Ayal Kinmhi & Zvi lerma，2006；郭剑雄，2005；辛岭和王艳华，2007），同时也有利于促进农民的农业收入增长。此外，自然资源和气候条件也会在一定程度上影响农民收入。罗伯特·曼德森（Robert Mendelsohn，2007）通过对美国和巴西的气候与农业生产数据进行对比研究后发现，气候会通过影响农业生产率对农民收入产生影响。

（2）城乡差别说。

城乡差别说认为，国家制定和运用包括户籍制度、粮油供应制度、就业制度、教育制度、社会保障制度等十多项具体制度，并通过"挖农补工"和"剪刀差"获取工业化优先发展所需要的原始积累资金，重点实施重工业优先发展战略，造成了中国社会发展的极不均衡性。同时，我国的二元经济结构使农业部门的劳动生产率长期低于非农业部门（蔡昉和都阳，2011），这也会对农民收入增长产生相关的影响。

（3）农业结构调整说。

结构调整缓慢，制约了农民收入的增长。关于农业结构调整对农业收入增长的影响，学术界的观点比较一致。霍丽娅（2006）、赵晓锋等（2012）和刘成等（2017）研究发现在实现粮食安全目标的前提下，适当提高具有较高附加值的经济作物的种植比重可以切实增加农业收入。同时，也有学者研究发现，发展多功能农业，包括发展农业的生态旅游功能和促进多功能的土地利用，可以显著提高农民的农业收入和非农业收入（Huiqing Liu，2014）。

（4）农业生产组织落后说。

农业生产组织落后，束缚了生产力的发展，导致农民收入水平低。王乃学（2001）研究发现，农民收入水平低是因为农业生产力水平低，农业生产力水平低的原因之一是农业生产组织落后。第一，一家一户分散生产，难以获得社会平均利润率。我国农村人口多、耕地少，种粮糊口，既是生产模式，也是生存方式。由于规模过小，难以采用规模化的现代耕作手段，播种、管理、收获各环节有的仍处于原始状态。因此，在成本上，粮食和很多大宗农产品，例如棉花、油料等的生产费用居高不下。我国农村一家一户的生产，规模小、投入大，劳动生产率低，所耗成本甚至比市场价格还要高，根本谈不上获得平均利润，与大规模经营在成本效益上的差距马上显露出来。第二，我国农业仍然没有走上良性循环。改革开放以来，中央十分重视农业，在政策上给予有力扶持。农村家庭联产承包责任制打破了"一大二公"的体制，极大地调动了农民的生产积极性。但生产单位规模不经济，农业投入能力差、技术落后、劳动生产率低、投入产出水平低的状况仍然没有很好地解决。农业资本扩张和加速发展的能力十分有限，农业生产没有走上自我壮大的良性循环。在此基础上学者们的后续研究基本一致认为，新型农业生产组织有利于提高农业生产效率和增加农民收入。向国成和韩绍凤（2007）基于我国改革开放以来农业生产组织的演进历程，研究认为，农业专业大户是提高农民收入、解决"三农"问题的正确方向；农业专业大户也符合我国人多地少的基本国情（黄宗智和彭玉生，2007）；同时，农户土地经营规模的扩大可以增加农民收入，从而使这些农户有可能成为"农村中间阶层"，支持发展农民专业合作社也是促进农民收入增长的重要举措（陈锡文，2012；李宾和马九杰，2014）。

(5) 城镇化发展滞后说。

我国城镇化进程不断推进，近年来，新型城镇化建设如火如荼地进行，但整体来说我国城镇化率仍然落后于发达国家。城镇化建设有助于推进产业机构升级，促进农村剩余劳动力转移，促进就业，并能拉动投资和消费促进经济增长，是促进我国经济发展的重要引擎。

自1996年以来，农业对农民收入增长的贡献逐年减少，影响了农民收入的增长。由于种种原因，农民向农业外转移的情况有时并不理想，我国的城乡二元化趋势仍然严重，并在某些地区和范围有增大趋势，城乡间生产率的差距进一步明显扩大。中国现有的城乡分割的户口体制也对城市化发展有明显阻碍，如果大量农村剩余劳动力滞留在农村，就会明显不利于农民收入水平的提高。王德文和蔡昉（2003）认为，城市化进程滞后不仅造成了城乡经济发展长期处于失衡状态，而且进一步导致了国内消费市场需求疲软，难以启动。在城乡居民收入差距不断扩大的背景下，相对较小的城市人口规模难以对农产品形成有效的消费需求，屡次出现的农产品"难卖"现象与此高度相关。同时，农村人口规模庞大，收入水平过低，也未能对城市工业品形成强劲的消费需求，造成了城市耐用工业消费品出现生产过剩的局面。宋元梁和肖卫东（2005）研究发现，城镇化与农民收入之间存在明显的正向影响关系。王鹏飞和彭虎锋（2013）认为，较高的城镇化水平可以提高农民收入，但是这种作用具有区域差异性，其中，我国中部地区的城镇化水平的提高对农民收入的带动作用最大，东部地区次之，西部地区排在最后。

（6）农村剩余劳动力说。

郭书田（1999）认为，改革开放以前，国家的劳动人事制度都是针对城市，很少为农民考虑，农村劳动力的出路只有就地消化，到城镇就业则被认为是"流民"，认为他们可能会造成社会不稳定，是城镇安全的隐患；改革开放后，作为农民进入市场经济的大学校，民工潮成为农民的"黄埔"。农村人口和农村剩余劳动力过多，人均占有资源首先是土地资源的数量过少，因而土地报酬递减的趋势十分明显，生产率提高缓慢而成本却迅速增高，这种基本态势不改变，其他措施都很难收到提高农业生产效率和增加农民收入的显著成效。新阶段农业农村问题的实质是农民收入的增长问题，而农民收入增长困难的深层原因是农村就业不充分，只有减少在农业领域就业的农民数量，加快农村剩余劳动力转移，才能富裕农民，这是世界各国促进农业、农村发展的基本经验。2015年，我国农民人均工资性收入首次超过人均经营性收入，农村剩余劳动力转移带来的农民工资性收入在农民收入中的比重不断提高。现有研究基本一致认为，农村剩余劳动力的转移对于提高农民收入具有显著的正面影响（李宾和马九杰，2014；张宽等，2017）。

（7）农村收入分配说。

农村收入分配原则往往被视为农民收入增长缓慢的重要因素之一，虽然在中国存续了2000多年的农业税伴随着2006年1月1日全面废止《中华人民共和国农业税条例》而终结，但是农民收入分配还是受到农业人口基数大、农业生产率低和财政支农政策等因素的影响。

张晓山和崔红志（2001）认为，收入分配体制不合理制约农民收入增长。长期以来，我国税收与国民收入再分配在城乡之间存在悬殊的差距。近年来，粮食政策和财政支农政策对农民收入分配影响的研究不断增加。在粮食政策对农民收入分配的影响方面，有研究认为，粮食政策促进了农民收入的提高（黄季焜等，2011），尤其是对较大规模的种植农户收入的提高更加明显（杨万江和孙奕航，2013），但是也有研究认为，粮食政策对农民收入增加并没有显著作用（蒋和平和吴桢培，2009）。在财政支农政策对农民收入分配的影响方面，学者们基本一致认为，财政支农可以提高低收入农民的绝对收入水平（张玉梅和陈志钢，2015；程名望等，2015），但是关于财政支农政策是否缓解了农民间的收入差距，学者们得出了不同的研究结论。第一种观点认为，有些财政支农资金较多地流向了中高收入农民，从而不利于缩小甚至提高了农民间的收入差距（万海远等，2015）；第二种观点认为，公共转移支付对于缓解农民间的收入不平等没有作用，因为公共转移支付的覆盖面有限，毕竟瞄准机制也不是非常理想（解垩，2010）；第三种观点认为，政府转移性支付可以缓解农民收入不平等程度（郭庆旺等，2016）。

综上所述，影响农民收入增长的因素众多，但是从金融发展方面研究中国农民收入增长问题的文献不是很多，同时随着金融发展水平的不断提高，金融发展对实体经济和收入分配的作用日益凸显，因此，在深入研究金融发展与农民收入关系的基础上，深入研究其影响机制就具有更为深刻的意义。

2.2　金融发展与农民收入关系研究述评

在农村资金约束比较明显的前提下，农民缺乏生产函数中最重要的要素——资本，从而收入的增长受到极大的约束，尽管农民的收入结构出现了多元化，并且农民面临着技术、人力资本等一系列的约束，但资本约束仍然被认为是十分重要的。

2.2.1　金融发展与农民收入关系的理论研究述评

金融发展与农民收入增长关系的揭示更多只能间接地从有关金融发展与收入差距的研究中获得。长期以来，经济增长被理所当然地看作金融发展作用于收入分配的重要渠道，因而金融发展与收入分配的关系自然地被金融发展与经济增长的正向关系所替代，直到20世纪90年代，金融发展与收入分配的关系问题才开始受到理论界的关注，随后提出了不同的理论观点。首先，格林伍德和约万诺维奇（Greenwood & Jovanovic，1990）率先提出金融发展和收入分配的关系是倒"U"型的,在他们的动态模型中,在经济发展早期,由于金融中介不发达,经济增长缓慢,同时由于利用金融市场融资需要支付一定的固定成本,此时只有富人才能支付该成本,利用金融市场融资去经营高风险、高收益的投资项目。穷人和富人由于初始财富的不同,其财富积累的速度也不同,此时收入差距将趋于扩大。但由于金融市场融资的成本是固定的,随着经济和金融市场的发展,穷人由于收入的增加也具备了进入金融市场融资的能力,此时收入差距将趋于缩小。之后阿吉洪和博尔顿(Agihon & Bolton,1997)和松山(Matsuyama,2000)分别构建模型分析了初始财富的分配和信用市场的发展如何通过财富的"涓流效应"(trickle-down effects)而影响长期财富的分配,其模型也都预言了金融发展与收入分配之间的倒"U"型关系。有所不同的是,阿吉洪和博尔顿(Agihon & Bolton,1997)认为,财富由富人向穷人转移的"涓流效应"是由于富人财富积累的增加使市场利率降低,而利率的降低使穷人也能进入金融市场融资,从而收入分配趋于收敛;而松山(Matsuyama,2000)认为,穷人由于初始财富积累的不足而不能进入金融市场融资,只能是金融市场上的资金供应者,富人由于财富的不断积累将刺激其更多地通过金融市场进行融资,从而导致利率的上升,利率的上升将使穷人获益更多,从而缩小收入差距。其次,加勒和泽拉(Galor & Zeira,1993)、巴纳吉和纽曼(Banerjee & Newman,1993)构造的理论模型表明,在金融市场完善的前提下,金融发展与收入不平等负相关,即金融发展将逐步缩小收入差距。但是,他们同时认为,在有信用约束以及对人力资本与物质资本的投资不可分割的情况下,穷人与富人的收入并不会必然地趋于收敛。加勒和泽拉(Galor & Zeira,1993)构造了一个存在代际遗产馈赠的两部门模型,在他们的模型中,由于资本市场不完善,此时只有那些继承遗产足够多(或者能够借入足够多的资金)的人才能完成对人力资本和物质资本的投资,因而收入不平等会通过遗产馈赠的方式持续下去,并且初始财富分配不平等的经济体的增长也会慢于初始财富分配更为平等的经济体。巴纳吉和纽曼(Banerjee & Newman,1993)构造的三部门模型也得出了类似的结论。另外,毛勒和哈伯(Maurer & Haber,2007)则认为,金融深化并没有使金融服务向穷人和新企业延伸,金融服务尤其是信贷服务依然只是针对富人和具有某种政治联系的企业,并使他们的相对收入进一步提升,从而使收入差距日益扩大;克拉克、徐和邹(Clarke,Xu & Zou,2003)进一步指出,如果金融发展使劳动力转入现代产业部门的壁垒降低,那么随现代产业部门比重的上升,收入分配差距会拉大,其结果是在现代产业部门比重更高、金融发展程度也更高的经济中,收入分配不平等程度要高于那些不同时具备"两高"比例的经济,克拉克、徐和邹(Clarke, Xu & Zou, 2003)称之为金融发展的库兹涅茨效应①。由此可见,在金融发展与收入分配关系的探讨上,共出现了上述三种不同的理论假说。

2.2.2 金融发展与农民收入关系的实证研究述评

在实证研究方面,克拉克、徐和邹(Clarke, Xu & Zou, 2003)、贝克和莱文(Beck & Levine, 2004)及霍诺班(Honoban, 2004)从实证角度对金融发展与收入分配的关系进行了跨国分析,发现金融发展会显著降低一国收入分配差距,却未能证实两者间的倒"U"型关系。但是,上述实证研究忽视了国家与国家之间经济制度、金融发展水平与结构、法律与文化等方面区别,因而难以提出针对某一个国家的切实可行的政策建议。近年来,国内学者对金融发展和城乡收入差距关系从多个角度进行了实证研究,得出的结论并不完全一致。首先,章奇等(2004)第一次对以银行信贷占 GDP 的比重所衡量的金融发展水平和城乡收入差距之间的关系进行了实证研究,发现金融发展会显著扩大城乡收入差距,并且这种负面作用在 20 世纪 90 年代尤其明显。杨俊等(2006)的研究表明,中国金融发展会显著扩大城乡收入差距。姚耀军(2005)认为,金融发展规模与金融发展效率都与城乡收入差距之间存在双向的格兰杰因果关系,其中,金融发展规模的扩大会拉大城乡收入差距,金融发展效率的提高会缩小城乡收入差距。其次,刘敏楼(2006)和万文全(2006)通过实证研究发现金融发展与我国城乡收入差距之间呈倒"U"型关系。另外,也有学者认为,金融发展和城乡收入差距的关系不明显或者不能确定。陆铭、陈钊(2004)有关城市化与城乡收入差距的实证研究文献表明,中国金融发展水平对城乡收入差距的影响并不显著。尹希果等(2007)基于面板单位根和 VAR 模型的估计,研究发现无论是东部还是西部地区,金融发展与城乡收入差距均表现为非同阶单整变量,从而不能认为两者之间存在长期关系。

---

① 根据世界很多国家尤其是一些主要发达国家的经验,收入分配状况会随着经济发展水平的提高而呈现倒"U"型的变化,即所谓的"库兹涅茨效应"。

正规金融发展与农民收入问题的研究，是国外学者在关注金融结构问题时首要涉及的。格利和肖（Gurley & Shaw，1955）、戈德史密斯（Goldsmith，1969）和麦金农（Mckinnon，1973）等关注到发展中国家金融体系中的二元结构以及严重的金融抑制现象，而其中二元金融结构中受压制的往往是农村金融的发展，因此，消除金融抑制、促进金融深化的一个重点就是大力发展农村金融，而这种农村金融的治理措施往往会成为促进农村经济增长和农民收入增长的基础。达拉（Dalla，2011）认为，农村非正规金融正好可以和农村非正规金融实现一定的互补，可以在一定程度上满足农村正规金融没有满足的农民融资需求，从而有利于促进农民增收。戴维德（Davide，2014）研究发现，由于农村正规金融产品的局限性，埃塞俄比亚南部的农村正规金融无法有效促进农民增收。国外学者的研究结果基本上得出了应该大力发展农村金融和重视农村非正规金融的积极作用的结论。

对于中国金融发展和农民收入之间关系的实证研究却只有较少的学者关注，同时也得出了不同的结论。首先，温涛等（2005）研究发现，中国金融发展对农民收入增长具有显著的负效应，同时，中国农村金融发展与农民收入之间不存在长期关系。许崇正和高希武（2005）的研究也发现，信贷投资对于农户人均收入的影响不显著，农村金融发展对于农民增收的支持不力。钱水土和许嘉扬（2011）和杜兴端和杨少垒（2011）都认为，农村正规金融较低的资源配置效率不利于农民收入增长。其次，王虎和范从来（2006）得出的结论与上述中国金融发展不利于农民收入的结论不同，研究结果表明金融发展对于农民收入有促进作用，但是金融发展也显著拉大了城乡收入差距。娄永跃（2010）和刘玉春和修长柏（2013）的研究都发现，农村正规金融促进了农民收入增长。肖龙铎和张兵（2017）研究了从微观角度研究了正规金融可得性和农民收入的关系，分析了正规金融可得性通过影响农民非农就业来影响其收入的作用机制，认为一个地区正规金融可得性的提高促进了农村家庭的非农就业，从而有利于提高农民收入。考虑到我国农村二元金融机构的存在，也有一些学者研究了农村非正规金融发展与农民收入增长之间的关系。贾相平等（Jia Xiangping et al.，2010）、李祎雯和张兵（2016）研究发现，相对于正规金融来说，我国农村非正规金融在信息获取、合同执行和交易成本等方面具有比较优势，从而有利于促进农村经济增长和农民收入增加。胡宗义等（2012）认为，农村非正规金融的不断发展有利于促进农民收入增长。张宁和张兵（2015）研究发现，农村非正规金融在一定程度上满足了难以从正规金融部门融资的低收入农户的资金需求，从而缓解了农村内部的收入差距。上述文献都是基于中国整体的研究，缺乏以中国各地区为基础的分析。与此同时，我国经济发展水平和金融发展水平地区间巨大差距的存在（蔡昉、杨涛，2000；周立、胡鞍钢，2002；周立、王子明，2002）使金融发展与农民收入水平的关系在地区层面上必然也会表现出非完全一致的关系。因此，我们不能只停留在国家层面，必须深入地区层面，才能把握基本的现实，得出符合实际的研究结论。因此，对中国各地区金融发展和农民收入水平的研究，将进一步丰富金融发展和农民收入增长关系的研究成果，为进一步的研究提供新的经验性证据。

2.3 本章小结

本部分主要包括金融发展理论研究述评、农民收入增长研究述评和金融发展与农民收入增长关系的研究综述。通过归纳总结前人的研究发现，对于中国金融发展和农民收入之间关系的研究却只有较少的学者关注，且往往只是间接地从有关金融发展与收入差距的研究中获得，直接探讨两者之间相互影响关系的理论分析和实证分析较少。同时，对中国金融发展和农民收入之间关系的实证研究主要是基于中国整体的研究，缺乏以中国每个省份为单位的分析。由于我国幅员辽阔，各地区的经济发展水平、金融发展水平和农民收入状况的差异都较大，因此，我们需要深入区域层面进行更全面更深入的理论分析和实证分析，无疑这将会继续丰富我国金融发展和农民收入增长关系的研究成果，并为后续研究提供基础。

第3章 中国金融发展影响农民收入增长的理论分析

3.1 影响中国农民收入增长的金融制度分析和金融结构分析

3.1.1 影响中国农民收入增长的金融制度分析

新中国成立之后的很长一段时间，我们实施了工业优先发展战略和城市优先发展战略，这就意味着当时的金融体系是国家把大量资金投入工业、尽快建立比较完备的工业体系的重要工具（林毅夫、蔡昉、李周，1994；林毅夫、刘培林，2003），所以从这一意义上讲，金融是内生于经济发展战略的。但在这种经济发展战略下，农业、农民和农村经济就成为经济资源和经济剩余的源头，农民收入增长自然不可能成为我国经济发展和金融发展的重要目标。

事实上，1978年开始的中国农村改革是在没有触动整个金融体制下进行的，农村改革也没有诱导出促进农村经济发展的农村正规金融体系。我国农村改革取得成功后，改革的重心于20世纪80年代中期便在政府的这种主导下开始转向了城市和工业，之后金融体系也是更多地为这一发展战略的实施提供服务，有大量的资金通过国有银行注入了国有企业，这便是改革开放以来中国金融体系改革发展的初始动因。这种内生于计划经济下工业优先发展战略而发展起来的金融体系，随着市场经济的进程也在不断变化。自1978年开始市场化改革以来，为了配合整个经济体制改革的推进、推动农村经济和金融市场化的发展，我国金融体系也进行了一系列的改革，基本上经历了以下阶段。

第一阶段：1979~1993 年。这一阶段的主要改革措施和政策方案是恢复和成立新的专业金融机构，形成农村金融市场组织的多元化和竞争状态。经历了改革开放之前的"三立三撤"之后，1979 年 2 月，中国农业银行第四次恢复建立。这次建立的中国农业银行改变了之前的运作模式和运作目标，明确提出大力支持农村商品经济，提高资金使用效益。1979 年 3 月，中国银行从中国人民银行分离出来。1979 年 8 月，中国建设银行从财政部中部分分离出来，并在 1983 年 5 月正式成为专业银行。1984 年 1 月，中国工商银行成立。1982 年农业保险得以恢复。但是当时的农村政策性金融业务是由中国农业银行、中国银行、中国建设银行和中国工商银行共同承担，因此，农产品收购资金就由多家银行提供，容易导致管理混乱和农村政策性金融业务效率较低。同时，这些银行的商业性金融业务、政策性金融业务和商业性金融业务同时经营，也会影响这些银行经营的专业性、自主性和经营效益。20 世纪 80 年代，在中国交通银行成为最早的一家全国性股份制商业银行之后，包括招商银行等在内的一批股份制商业银行先后成立。

20 世纪 80 年代，我国农村信用社的数量迅速增加，但是农村信用社在发展过程中也出现了一些问题，例如，同农民的关系日渐疏远、偏离了农村合作金融组织的性质。1984 年 8 月，国务院批转了中国农业银行《关于改革信用合作社管理体制的报告》，同时也开启了我国农村金融的体制改革之路。这次农村信用社改革的内容主要包括：恢复农村信用社的合作金融组织地位；加强农村信用社经营方面的灵活性，农村信用社的资金要优先用于农村；农村信用社实行浮动利率；逐步取消农业银行对农村信用社的亏损补贴，实现农村信用社的独立经营和自负盈亏；建立农村信用社的县联社；完善中国农业银行对农村信用社的管理。1987 年 1 月，中共中央发布《把农村改革引向深入》的通知，更加强调了农村金融体制改革的重要性。通过改革，农村信用社恢复和加强了合作金融的特点，增强了和"三农"的业务联系。

在这一时期，我国也放宽了对民间信用的管制，允许民间自由借贷，允许成立民间合作金融组织，例如 20 世纪 80 年代末在四川省成立农村信用合作基金会；同时允许成立的还有一些农业企业的财务公司，企业集资异常活跃；允许多种融资方式并存，包括了存款、贷款、债券、股票、基金、票据贴现、信托、租赁等多种信用手段。同一时期，全国各地城市都先后成立了城市信用合作社。90 年代，我国城市信用合作社得到快速发展。

第二阶段：1994～1996年。在第一阶段改革的基础上，这一阶段的改革更明确了改革的目标和思路，提出了要建立一个能够为农业和农村经济发展提供及时、有效服务的金融体系的口号。更具体地说，这一农村金融体系包括以工商企业为主要服务对象的商业性金融机构（中国农业银行）、主要为农户服务的合作金融机构（中国农村信用合作社）以及支持整个农业技术进步和体现并实施国家农副产品收购等政策的政策性金融机构（中国农业发展银行）。

在党的十四大明确提出建立社会主义市场经济体制的基础上，1993年11月，党的十四届三中全会通过了《中共中央关于建立社会主义市场经济体制若干问题的决定》，决定要建立政策性银行，实行政策性业务与商业性业务分离，改组中国农业银行，承担严格界定的政策性业务，同时要发展商业性银行，现有的专业银行要逐步转变为商业银行。

1993年12月，国务院颁布《关于金融体制改革的决定》决定组建中国农业发展银行，积极稳妥地发展合作银行体系，先将农村信用社联社从中国农业银行中独立出来，办成基层信用社的联合组织，再有步骤地组建农村合作银行。我国于1994年成立中国农业发展银行，将农业政策性金融业务从工行、农行、中行、建行"四大"国有专业银行中剥离出来，既能建立一个专业的农业政策性银行，又有利于逐步实现国有专业银行的商业化。中国农业发展银行是服务于国家战略的农业政策性银行，其主要任务是以国家信用为基础，以市场为依托，筹集支农资金，支持"三农"事业发展。在这一阶段，我国也加快了中国农业银行商业化的步伐，包括全面推行经营目标责任制，对信贷资金进行规模经营，集中管理贷款的审批权限等；继续加强农村信用社商业化改革等。1995年通过的《中华人民共和国商业银行法》使"四大"国有专业银行获得了"国有独资商业银行"的法律地位。1996年8月，国务院颁布的《关于农村金融体制改革的决定》明确要求中国农业银行努力办成真正的国有商业银行，并强调要建立以合作金融为基础，商业性金融、政策性金融分工协作的农村金融体系。中国农业银行与农村信用社的脱离意味着中国农业银行真正进入了向国有商业银行转变的历史时期。这一阶段的改革着眼于努力建立一个更加多元化更加有效的农村金融体系。农村信用社管理体制改革是此次农村金融体制改革的重点，主要包括：把农村信用社逐步改为由农民入股、由社员民主管理、主要为入股社员服务的合作性金融组织；农村信用社与中国农业银行脱离行政隶属关系，农村信用合作社不再接受中国农业银行管理，农村信用社的业务管理改由县联社负责，对农村信用社的金融监督管理，由中国人民银行直接承担；符合条件的农村信用社经整顿后可组建成为农村股份制合作银行；整顿农村合作基金会，可并入现有的农村信用社，也可以另外设立农村信用社。从1996年9月开始，当时全国的5万多个农村信用社和2000多个县联社逐步与中国农业银行顺利脱钩。

在同一时期，城市信用社在发展过程中遇到了不良贷款比例高和经营机制僵化等问题，1994年国务院发布《关于组建城市合作银行的通知》，提出可以在一个城市市区内将城市信用社组建为城市合作银行，并建立现代商业银行运行框架，从而更好地为当地经济发展服务。

第三阶段：1997~2009年。1997年爆发的亚洲金融危机强化了我国对金融风险控制的重视，加快了我国国有商业银行的改革步伐。我国逐渐开始了以市场化和股份化为主要特征的国有金融改革，从而使国有金融机构的利润最大化导向越加明显，并且在20世纪90年代中后期的改革中国有金融机构开始大规模撤出农村金融市场。为了解决国有商业银行不良资产比例过高的问题，1998年财政部发行了2700亿元的特别国债，用来补充国有商业银行的资本金。紧接着，1999年我国先后成立了四家金融资产管理公司，用来承接国有商业银行的不良资产，从而为国有商业银行的股份制改造和上市创造条件。2003年10月，根据《中共中央关于完善社会主义市场经济体制若干问题的决定》，我国决定对国有独资商业银行进行股份制改造，目标是改善国有独资商业银行的产权结构，建立现代商业银行制度。2003年12月，中央汇金投资有限公司成立，代表国家行使重点金融企业出资人的权利和义务，帮助重点金融企业落实各项改革措施和完善公司治理结构。之后，2007年9月，中国投资有限责任公司成立，中央汇金投资有限公司作为其全资子公司整体并入。

截至2007年末，中国交通银行、中国工商银行、中国建设银行和中国银行先后在境内外完成上市交易。2009年1月，中国农业银行股份有限公司正式成立，随后中国农业银行也很快完成了在上海证券交易所和香港H股市场的上市交易。至此，这"五大"银行都完成了在中国香港地区和中国内地的上市交易，国有独资商业银行的股份制改造基本完成。

我国国有商业银行的商业化改革和股份制改造使国有金融机构纷纷撤出农村金融市场，从而客观上强化了农村信用合作社对农村金融市场的垄断。为了协调金融体制改革和金融风险控制等一系列目标，政府不得不加强对金融市场的管制，设置过高的金融市场"门槛"，对非正规金融发展实行更加严格的限制。同时，政府为了化解长期以来国有金融机构自身积累的风险，强化国有金融机构的风控管理，国家要求更好地服务于"三农"领域的农村信用社也走上了规模化经营和集中化经营之路，基层业务代办点大量撤并、人员清退、决策权限上收（何广文，1999），业务非农化，从而导致了中国的正规金融机构无意向农村和农业提供贷款或在这方面缺乏效率（章奇、刘明兴、陶然、Vincent Yiu Por Chen，2004），而非正规金融发展又受到政府限制，始终处于"黑市"状态的局面（张杰，2003）。金融发展自然难以促进农民收入增长，主要体现在：开始在国有专业银行中推行贷款责任制；收缩国有专业银行战线。1997年，中央金融工作会议确定了"各国有商业银行收缩县（及以下）机构，发展中小金融机构，支持地方经济发展"的基本策略，包括农业银行在内的国有商业银行开始日渐收缩县级及县级以下机构；打击各种非正规金融活动，对民间金融行为进行抑制，1999年在全国范围内撤销农村信用合作基金会，并对其进行清算。

经过多次改革，农村信用社的经营业绩仍然不好，1994~2003年，全国农村信用社连续10年亏损，资本充足率过低，不良贷款率过高。因此，我国农村信用社的改革之路仍需继续。2000年是我国农村商业银行改革组建的开启之年，2001年11月和12月，江苏省常熟市、张家港市和江阴市的农村商业银行先后成立，这是我国农村金融体制改革的重大突破。2003年6月，国务院发布了《深化农村信用社改革试点方案的通知》，从此开启了农村信用社的企业化和商业化改革之路。2003年以来，这一政策趋势日益明显且力度不断加大，包括：放宽对农村信用合作社贷款利率浮动范围的限制、加大国家财政投入以解决农村信用合作社的不良资产问题、推动并深化信用合作社改革试点工作等。2003年11月底，8省份（浙江、山东、江西、贵州、吉林、重庆、陕西和江苏）农村信用社改革实施方案经国务院批准，这都标志着深化农村信用社改革试点工作已进入全面实施阶段。2004年，国务院再次要求对农村信用社进行股份制改革，组建农村商业银行的试点区域继续扩大。2005年，农村信用社改革扩大到29个省（区、市）（海南和西藏除外）。经过多年的产权制度改革，我国农村信用社主要包括三种形式的法人机构，分别是：经济发达地区县市的农村信用社可以改组为农村商业银行；先将农村信用社改组为农村合作银行，待条件成熟时再改组为农村商业银行；继续以农村信用社的形式存在。在农村信用社管理方面，逐步将农村信用社的管理责任移交省级政府，初步明确了地方政府对农村信用社的管理职责。农村信用社逐步成为服务于农村地区的重要地方性金融机构，并且2004年度我国农村信用社全行业首次实现了年度盈余。2007年2月，银监会放宽了民营资本进入村镇银行的限制，这标志着农村金融市场正式向民营资本开放。

2004年9月，银监会明确表示，城市商业银行的改革方向是重组改造和联合，允许城市商业银行跨区域经营，从此城市商业银行发展呈现出股权结构多元化、各有特色的跨区域经营等特点，为当地经济发展特别是中小微企业发展提供了各种金融服务。

第四阶段：2010年至今。为了降低未来发生金融危机的可能性和加强银行业监管，2011年，金融稳定委员会（FSB）与巴塞尔委员会（BCBS）首次共同确定了全球系统重要性银行（G-SIBs）名单。根据金融稳定委员会的定义，系统重要性银行是指规模较大、业务复杂、机构关联性较高，一旦陷入困境或无序破产将对更广泛的金融体系和经济活动造成重大破坏的银行。2011～2015年，中国银行、中国工商银行、中国农业银行和中国建设银行先后入选全球系统重要性银行。这也说明，从1979年开始，经过30多年的改革，我国国有商业银行一步步成长为建立了现代企业制度的大型商业银行。伴随着2014年我国经济进入"新常态"和2016开始的"供给侧结构性改革"，为了进一步完善公司治理机制和增强国际竞争力，国有商业银行开始了混合所有制改革的历程。

2010年5月国务院颁布的《关于鼓励和引导民间投资健康发展的若干意见》、2012年5月银监会颁布的《关于鼓励和引导民间资本进入银行业的实施意见》和2013年7月国务院颁布的《关于金融支持经济结构调整和转型升级的指导意见》（以下简称"金融国十条"）都是为了鼓励民营资本进入金融领域，使国内金融市场的进入门槛进一步降低，增加国内金融市场的开放度和活力。2012年10月，浙江省温州市公布了首批转为村镇银行的2家小贷公司名单。2013年7月，银监会同意试办民营银行。2015年，我国5家首批民营银行获准成立。2015年5月，我国正式开始实施《存款保险条例》，同时将民营银行纳入了存款保险的保障范围。综上所述，改革开放以来，我国金融体系发生了翻天覆地的变化，深刻影响着社会经济体系的很多方面。同时，无论是在宽度还是在深度上，我国农村金融发展还有很大的提升空间。

3.1.2 影响中国农民收入增长的金融结构分析

阿瑟·刘易斯（Arthur Lewis，1954）在《劳动无限供给条件下的经济发展》一文中提出了著名的"二元结构"的经济发展模式，开辟了经济分析的"结构主义"思路。中国经济同样具有典型的"二元结构"特征，我国也同样存在着两个性质完全不同的经济部门：传统农业部门和现代工业部门，在此基础上也产生了二元社会结构：农村和城市。因此，二元经济结构和二元社会结构交织在一起形成了二元经济社会结构。与此同时，金融作为现代经济的核心，中国经济社会的这种"二元结构"特征必然会在金融发展上反映出来。从金融资产种类和数量、金融市场的发展程度、金融机构的种类和数量以及金融制度的完善程度来看，相对于城镇来说，农村金融的发展都是较为落后的，难以相提并论。

从信贷方面考察中国农村金融发展和城镇金融发展状况，可以发现农村金融发展和城镇金融发展存在巨大的差距。图3-1表述了中国农村信贷比率和城镇信贷比率①这两个指标，可以发现，中国农村金融发展与城镇金融发展在信贷方面的差距非常明显。表3-1给出计算农村信贷比率和城镇信贷比率的数据来源。其中的贷款余额数据来源于相应年份的《中国统计年鉴》，但是从2011年开始，《中国统计年鉴》中的贷款余额数据包含了境内贷款和境外贷款，我们选择境内贷款余额数据作为本书中的贷款余额数据。关于农业贷款余额，1986~1993年的农业贷款余额数据直接来自对应年份的《中国统计年鉴》；从1994年开始，《中国统计年鉴》的贷款分为短期贷款和中长期贷款，短期贷款中包含农业贷款，因为农业贷款主要是短期贷款，所以用1994~2009年的短期农业贷款数据代表农业贷款数据；从2010年开始，《中国统计年鉴》不再公布农业贷款数据，所以2010~2017年的农业贷款数据来自中国人民银行发布的相应年份的《金融机构贷款投向统计报告》。中国人民银行发布的上述《金融机构贷款投向统计报告》中，给出了金融机构涉农贷款也叫"三农"贷款的数据，同时也给出了其中所包含的农业贷款数据，农业贷款主要是指投向农林牧渔业的贷款，会直接影响农民家庭经营净收入，农业贷款之

---

① 本书中的农村信贷比率指标是指农业贷款与农林牧渔业总产值之比；城镇信贷比率指标是指金融机构贷款余额和农业贷款余额的差值与GDP和第一产业增加值的差值之比。

外的其他涉农贷款的投向包含农村的第二、第三产业或者农户消费领域等，投向农村第二、第三产业或者农户消费领域的贷款并不能直接影响农民家庭经营净收入。因此，我们选择了其中的农业贷款余额数据，而不是涉农贷款余额。

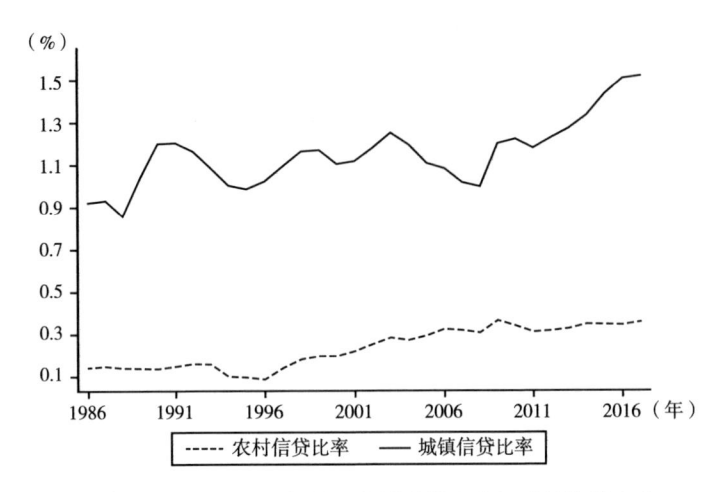

图 3-1　1986~2016 年中国农村信贷比率与城镇信贷比率

表 3-1　　　　1986~2017 年中国农村信贷和城镇信贷发展状况　　　　单位：亿元

年份	国内生产总值	第一产业增加值	农林牧渔业总产值	贷款余额	农业贷款余额
1986	10376.2	2764.1	4013	7590.8	570.37
1987	12174.6	3204.5	4676	9032.5	685.83
1988	15180.4	3831.2	5865	10551.3	814.21
1989	17179.7	4228.2	6535	14360.1	895.05
1990	18872.9	5017.2	7662.1	17680.7	1038.08
1991	22005.6	5288.8	8157	21337.8	1209.48
1992	27194.5	5800.3	9084.7	26322.9	1448.72
1993	35673.2	6887.6	10995.5	32943.1	1720.23
1994	48637.5	9471.8	15750.5	40810.1	1554.1
1995	61339.9	12020.5	20340.9	50538	1921.6
1996	71813.6	13878.3	22353.7	61152.8	1919.1
1997	79715	14265.2	23788.4	74914.1	3314.6
1998	85195.5	14618.7	24541.9	86524.1	4444.2
1999	90564.4	14549	24519.1	93734.3	4792.4
2000	100280.1	14717.4	24915.8	99371.1	4889
2001	110863.1	15502.5	26179.6	112314.7	5711.5

续表

年份	国内生产总值	第一产业增加值	农林牧渔业总产值	贷款余额	农业贷款余额
2002	121717.4	16190.2	27390.8	131293.9	6884.6
2003	137422	16970.2	29691.8	158996.2	8411.4
2004	161840.2	20904.3	36239	178197.8	9843.1
2005	187318.9	21806.7	39450.9	194690.4	11529.9
2006	219438.5	23317	40810.8	225347.2	13208.2
2007	270232.3	27788	48651.8	261690.9	15428.2
2008	319515.5	32753.2	57420.8	303467.8	17628.82
2009	349081.4	34161.8	59311.3	399685	21623
2010	413030.3	39362.6	67763.1	479196	23000
2011	489300.6	46163.1	78837	546398.3	24400
2012	540367.4	50902.3	86342.2	628100.5	27300
2013	595244.4	55329.1	93173.7	717087.7	30400
2014	643974	58343.5	97822.5	814780	34000
2015	689052.1	60862.1	101893.5	936387	35100
2016	743585.5	63672.8	106478.7	1061667	36600
2017	827121.7	65467.6	109331.7	1196900	39000

中国存在着典型的与城乡"二元"经济结构相吻合的城乡"二元"金融发展结构。城乡金融发展的差异与城乡经济发展差异密切相关，城乡之间的物质资本存量差异、产业结构差异、人力资本差异以及生产率差异，都会导致大量金融资源配置到城镇经济部门，从而导致城乡之间的金融发展差异显著；同时，城乡之间的金融发展差异也会影响城乡之间的经济发展差异，进而影响城镇居民收入增长和农民收入增长。

3.1.2.1 农村正规金融的发展

经过40多年的农村金融体制改革，迄今为止形成了包括商业性、政策性、合作性金融机构在内的正规金融与非正规金融并存的农村金融体系。可以把受到中央银行或者金融主体监管的那部分金融组织或者活动称为正规金融组织或活动。中国农村正规金融体系主要包括以下五个组成部分。

（1）中国农业银行。中国农业银行的前身最早可追溯至1951年成立的农业合作银行。20世纪70年代末以来，相继经历了国家专业银行、国有独资商业银行和国有控股商业银行等不同发展阶段。中国农业银行于1979年重建,重建的初衷是支持农产品的生产和销售,但事实上农行的业务基本与农业农户并无直接关系,其贷款的绝大部分都投入了国有农业经营机构(如粮食局和供销社)和乡镇工业企业。和其他国有商业银行一样,从20世纪80年代起中国农业银行就一直进行着商业化改革。但在1994年中国农业发展银行建立之前,中国农业银行的业务兼具商业性和政策性,此后一部分政策性贷款业务,例如主要农副产品收购贷款、扶贫贷款、农业综合开发贷款等政策性贷款被划转到中国农业发展银行。1997年后农行政策性业务剥离速度加快,农行的经营也日益强调以利润为核心。直到2007年全国金融工作会议确定了农业银行股份制改革坚持"面向'三农'、整体改制、商业运作、择机上市"的总体原则,并于2009年1月16日在北京正式成立了中国农业银行股份有限公司,标志着农业银行向现代商业银行的重大转变。2010年7月,中国农业银行分别在上海证券交易所和香港联合交易所挂牌上市。2014年起,金融稳定理事会一直将中国农业银行纳入全球系统重要性银行名单。截至2017年末,中国农业银行境内分支机构共计23661个,境外分支机构包括13家境外分行和4家境外代表处。截至2017年末,中国农业银行集团总资产210533.82亿元,发放贷款和垫款107206.11亿元,吸收存款161942.79亿元,资本充足率13.74%,全年实现净利润1931.33亿元①。

(2)中国农业发展银行。中国农业发展银行是1994年成立的我国唯一一家农业政策性银行,是农村金融体制改革中为实现农村政策性金融与商业性相分离的重大措施。农发行的业务也不直接涉及农业农户,它的主要任务是承担国家规定的政策性金融业务并代理财政性支农资金的拨付。随着农村市场化改革的不断深入,农发行的作用是十分有限的。直到2005年,农发行开始积极拓展支农领域,形成了"一体两翼"的业务发展格局,由过去单一支持粮棉油购储业务,逐渐形成以粮棉油收购贷款业务为主题,以农业产业化经营和农村中长期贷款业务为两翼,以中间业务为补充的多方位、宽领域的支农格局。截至2017年末,中国农业发展银行共有31个省级分行、339个二级分行和1816个县域营业机构。2007年,中国农业发展银行信贷规模首次超过万亿元,年末贷款余额达到10224亿元,占全部金融机构涉农贷款余额的比重为16.7%。2017年,中国农业发展银行全年累计发放贷款达到

---

① 中国农业银行股份有限公司发布的《2017年度报告摘要》。

15600亿元，年末贷款余额达到46560亿元，占全部金融机构涉农贷款余额的比重为18.55%①。

（3）中国农村信用社。农村信用社是农村金融体系的主要组成部分，分支机构遍及几乎所有的乡镇甚至农村，是农村正规金融机构中向农村和农业经济提供金融服务的核心力量。直到20世纪80年代末90年代初，农村信用合作社都是中国农业银行的农村基层组织，大部分存款必须转存到农业银行，从而信用合作社事实上成为将农户存款引导到国家所支持的集体农业和乡镇企业的一个主渠道。1996年后农村信用合作社脱离农业银行的领导，而由中国人民银行负责统一监管。1996年，国务院关于农村金融体制改革的决定规定农村信用合作社超过50%的贷款必须投向其成员。1999年，农村信用合作社被允许向农户发放消费型贷款，主要用于房屋建造、教育和医疗贷款。直到2003年，为加快农村信用社改革步伐，国务院下发了《深化农村信用社改革试点方案》，确定了本轮农村信用社改革的目标是按照"明晰产权关系、强化约束机制、增强服务功能、国家适当扶持、地方政府负责"的总体要求，加快产权制度和管理体制改革，把农村信用社逐步办成由农民、农村工商户和各类经济组织入股，为"三农"发展服务的社区性地方金融机构。2003年8月，农村信用社改革在浙江等8省市率先启动；2004年8月，改革试点范围扩大到北京等29个省份；2006年底，海南省农村信用社改革试点正式启动。至此，农村信用社改革在全国范围内展开（西藏没有农村信用社）。在2018年2月4日发布的《中共中央 国务院关于实施乡村振兴战略的意见》中，提出"要推动农村信用社省联社改革，保持农村信用社县域法人地位和数量总体稳定"。这是中央一号文件连续3年提及"省联社改革"——2016年提出"开展省联社改革试点"；2017年提出"抓紧研究制定省联社改革方案"；2018年提出"推动农村信用社省联社改革"。截至2017年末，全国共组建以县（市）为单位的统一法人农村信用社907家，农村商业银行1262家，农村合作银行33家。截至2017年末，全国农村信用社各项存贷款余额分别为27.2万亿元和15万亿元，占同期全部金融机构各项存贷款余额的比例分别为16.1%和11.9%，其中，涉农贷款余额和农户贷款余额分别为9万亿元和4.4万亿元，比2016年末分别增长9.5%和11.6%。按贷款五级分类口径统计，截至2017年末，全国农村信用社不良贷款余额和比例

---

① 根据《中国农业发展银行年度报告》整理。

分别为6204.3亿元和4.2%，资本充足率为11.7%；2017年实现利润2487.8亿元，比2016年增加146.7亿元①。

（4）中国邮政储蓄银行。中国邮政储蓄可追溯至1919年开办的邮政储金业务，至今已有百年历史。邮政储蓄自1986年恢复开办以来，经过20多年的发展，现已建成城乡网点众多的金融服务网络，成为沟通城乡居民个人结算的主要渠道。在2003年邮政储蓄资金实现自主运用后，邮政储蓄通过优先为农村信用联社等地方性金融机构提供资金支持的方式，将邮政储蓄资金返还农村使用。2007年3月，在改革原邮政储蓄管理体制基础上，中国邮政储蓄银行正式挂牌成立。中国邮政储蓄银行的成立，是我国邮政体制改革取得的又一重大阶段性成果，也是在国家金融监管部门的指导下，金融体制改革取得的又一项新的重要成就。中国邮政储蓄银行的成立，必将进一步促进我国银行业的发展和银行体系的完善，必将加快推进我国社会主义新农村的建设，也必将有力地支持我国国民经济建设和社会各项事业的发展。成立后的中国邮政储蓄银行将继续依托邮政网络，按照公司治理架构和商业银行管理要求，不断丰富业务品种，不断拓宽营销渠道，不断完善服务功能，将进一步致力于建设沟通城乡、覆盖全国的金融服务网络。中国邮政储蓄银行是中国领先的大型零售商业银行，定位于服务社区、服务中小企业、服务"三农"，致力于为中国经济转型中最具活力的客户群体提供服务。同时，邮储银行积极服务于大型客户并参与重大项目建设，为中国经济发展做出了重要贡献。邮储银行打造了包括网上银行、手机银行、自助银行、电话银行、微信银行等在内的全方位电子银行体系，形成了电子渠道与实体网络互联互通，线下实体银行与线上虚拟银行齐头并进的金融服务格局。2012年1月，整体改制为股份有限公司。2015年，邮储银行引入10家境内外战略投资者，进一步提升了综合实力。2016年9月，邮储银行在香港联交所挂牌上市，正式登陆境外资本市场，完成"股改—引战—上市"三步走改革目标。2017年，邮储银行成功发行境外优先股，进一步优化资本结构，拓宽资本补充渠道。2019年12月10日，邮储银行在A股上市，完成"A+H"两地上市。截至2017年末，邮储银行有4万家网点和14.3万个助农取款点，涉农贷款余额超过1万亿元，累计发放新型农业经营主体贷款超过1000亿元，服务新型农

---

① 中国人民银行发布的《2017年第四季度中国货币政策执行报告》。

业经营主体近 37 万人次①。

（5）农村正规金融的新发展。2006 年底，中央对农村金融改革做出了一系列重要部署，农村金融体制改革不断深化，为此农村金融发展的新变化主要有：第一，新型农村金融机构的发展取得突破。2006 年底，银监会发布了《关于调整放宽农村地区银行业金融机构准入政策，更好支持社会主义新农村建设的若干意见》，提出要积极支持和引导境内银行资本、产业资本和民间资本到农村地区投资、收购、新设村镇银行、信用合作组织等银行类金融机构。此后我国各地区纷纷成立了村镇银行、贷款公司、农村资金互助社三类新型的农村金融机构，新型农村金融机构的数量增长迅速，根据中国银行保险监督管理委员会和中国人民银行发布的数据，截至 2017 年末，村镇银行机构组建数量已达 1601 家，其中中西部地区机构占比 65%；已覆盖我国 31 个省份的 1247 个县（市、旗），县域覆盖率达 68%；截至 2017 年末，全国共有小额贷款公司 8551 家，贷款余额 9799 亿元，全年增加 504 亿元。第二，信用贷款条件进一步放松。2007 年 8 月，银监会下发《关于银行业金融机构大力发展农村小额贷款业务的指导意见》，提出对农户和农村中小企业实行信用贷款，并放宽信用贷款额度，发达地区可提高到 10 万 ~ 20 万元，欠发达地区可提高到 1 万 ~ 5 万元。2007 年 6 月和 2007 年 7 月，银监会分别印发了《银行开展小企业授信工作指导意见》和《小企业贷款风险分类办法（试行）》，提出对小企业可发放信用贷款，并扩大了抵押品范围，房产、商铺、知识产权、仓单、应收账款和存货均可抵押、质押。第三，进一步探索农村信贷担保机制。浙江、江苏、广东、四川等省份的一些地方探索建立政府支持、企业和银行多方参与的农村信贷担保机制；浙江省慈溪市组建了农户小额信用担保公司；四川省资阳市探索的"六方合作+保险"是金融机构、担保公司、饲料企业、种畜场、肉食品加工企业、协会农户等六方互动发展，农业保险全程保障的现代畜牧产业组织体系，将金融、担保和保险有机联系起来。

目前，政策性金融、商业性金融和合作性金融已经初步形成多层次的农村金融体系，农村金融供给总量不断增加。根据中国人民银行发布的《2017 年金融机构贷款投向统计报告》，2017 年末，金融机构人民币各项贷款余额为 120.1 万亿元，同比增长 12.7%，增速比 2016 年末低 0.8 个百分点；全年

---

① 中国邮政储蓄银行股份有限公司发布的《2017 年社会责任（环境、社会管治）报告》。

增加13.5万亿元，同比多增8782亿元。2017年末，本外币农村（县及县以下）贷款余额为25.1万亿元，同比增长9.3%，增速比2016年末高2.8个百分点，全年增加2.5万亿元，同比多增6060亿元；农户贷款余额为8.1万亿元，同比增长14.4%，增速比2016年末低0.8个百分点，全年增加1万亿元，同比多增880亿元；农业贷款余额为3.9万亿元，同比增长5.7%，增速比2016年末高1.5个百分点，全年增加2187亿元，同比多增394亿元。

3.1.2.2 农村非正规金融的发展

在大多数国家尤其是发展中国家，长期以来，正规金融市场趋向于给大型或国有企业贷款，而中小企业和广大农户从非正规金融市场（或民间金融市场）获得其主要投资资金。在我国农村金融体制改革初期，非正规金融组织和活动由于得到了经济管理当局的默许甚至支持，一度非常繁荣。但从20世纪90年代中期开始，随着农村金融体制改革的重心逐渐转向对正规金融机构的商业化，中国人民银行开始加大了对非正规金融组织和活动的管制力度，但是到目前为止，非正规金融活动依然活跃着。

从全国来看，何广文（1999）的调查发现，农户贷款中来自民间借贷的比重高于75%；温铁军（2001）对东部、中部、西部15个省份的调查发现，民间借贷的发生率高达95%；国际农业发展基金（IFAD，2001）的研究报告也指出，中国农民的信贷需求主要依赖非正规金融，其从非正规金融渠道贷款的规模大约相当于正规金融机构的四倍。2005年，中国人民银行估算中国民间融资规模约为9500亿元，占GDP的6.69%；中央财经大学地下金融课题组于2005年初对我国20个省份的地下金融规模的调查显示，非正规融资规模占正规途径融资规模的比重平均达28.7%，农户从非正规金融途径获得的借款占农户借款规模的比重超过55%。2013年7月，西南财经大学中国家庭金融调查与研究中心发布的《银行与家庭金融行为》调查结果显示，我国民间借贷参与率高，有33.5%的家庭参与了民间借贷活动，借贷总额达8.6万亿元，其中用于购房的民间借贷最多，金额高达3.8万亿元；用于农业和工商业的民间家庭借贷达3万亿元之多，还有少部分民间借贷用于车辆消费和教育等。

在各地区内部来看，2001年中国人民银行广东分行对辖区民间融资调查认为，民间融资非常普遍，据保守推算，民间借贷的资金来源、资金运用规模分别约为1140亿元和1080亿元。中国人民银行《2004年区域金融运行报告》统计调查显示，2004年，浙江、福建、河北的民间融资规模分别约在550亿元、450亿元和350亿元，相当于各省当年贷款增量的15%~25%。浙江温州、台州以发达的中小民营企业集聚形成的产业集群为特色，非正规金融也最为活跃，2006年温州民间借贷额高达450亿元；中国人民银行温州中心支行对400户民间借贷监测点显示，仅2008年1月发生的民间借贷额就高达10273万元。瑞安市作为浙江温州民营经济最为发达的县级市，中国人民银行瑞安支行2006年对200家农户的统计调查，只有38%的农户资金紧张时首选金融机构贷款，58%的农户首选亲朋好友借款。温岭市作为浙江台州市所辖的县级市，民间借贷规模庞大，根据中国人民银行台州支行2003年调查显示，仅横峰村每年借贷量就达1000万元，该村的经营规模较大的近百户民营企业均有过民间借贷，一次借款50万元是常事，另外通过标会融资的规模也有几千万元。同时，在我国一些经济欠发达地区，非正规金融活动也是相当活跃，在当地经济发展过程中发挥着重要作用。中国人民银行《2004年区域金融运行报告》显示，江西上饶市2004年民间融资总量在14亿元左右，相当于当年贷款增量的1/3以上。苏士儒等（2005）对宁夏农村地区的调研显示，非正规金融广泛存在于宁夏各地，其中对盐池县等三个县89户调查中，有71户参与民间借贷，占比达到80%。西南财经大学中国家庭金融调查与研究中心发布的2013年度《中国家庭金融调查报告》显示，农村地区的民间借贷更多，其正规信贷和民间信贷的比例分别为23%和67.4%，而城市地区正规信贷和民间信贷的比例分别为65.9%和32.9%，一般来说，经济越落后的地区，民间信贷的比例越高。该报告还显示，全国民间借贷利率平均为23.5%，参与民间借贷的家庭呈现两极分化，大约83.3%的借贷没有利息，而一旦收取利息，利率又会非常高。尽管有些统计数据差异较大，但总体上都说明非正规金融活动广泛存在于我国各地区，尤其活跃在中小城市和广大农村地区。

由于农业生产的风险较大，农民收入波动明显，自身资本积累的能力受到了极大限制，外部融资的作用不可替代，然而在农村金融市场上，物质担保品缺乏，信息不对称状况严重，使得商业银行资金的贷放存在很大的安全隐患，银行难以甄别借款人及其行为，从而逆向选择和道德风险问题广泛存在，资金的偿还率低。为此，20世纪80年代以来，学者们将研究的焦点放在了农村金融市场的不完善性上，寻求各种农村非正规金融机制来促进农村信贷的运转，从而进一步发展农村经济和增加农民收入。

(1) 非正规金融的概念界定及组织形式。

目前理论界对正规金融和非正规金融尚无公认的界定。总体上有两个大致的划分：一种是将焦点集中在金融机构的功能性特征上，例如规模大小、劳动密集程度等；另一种是从法律特征上划分。非正规金融（informal finance）是正规金融（formal finance）的对称。在我国，非正规金融也被译为非正式金融，理论界常常称之"民间金融""体制外金融"，有时也称为"民间信用"。尽管非正规金融并不为农村特有，我国城市也不同程度地存在，但无论是绝对规模、还是其相对于正规金融的规模都比不上农村非正规金融。

克洛普（Kropp，1989）认为，正规金融和非正规金融是同一个国家中同时并存着的两个相互分割的金融市场。正规金融通常都受到国家的信用体系的控制——一般是中央银行的控制和金融法规的约束。非正规金融可以认为是在这两种限制之外所进行的金融活动。这两种市场上的利率不同，借款条件不同，目标的客户不同，更为重要的是，借贷资金很少能够实现跨市场的流动。克拉恩和施密特（Krahnen & Schmidt，1994）则将非正规金融与正规金融两者的区别重点放在了促进偿付的不同方法上，简单地讲，正规金融中，促进偿付的机制是依靠法律系统的，而非正规金融依靠的则是法律系统之外的系统。因此，非正规金融（informal finance）是民间自发产生的一种组织化程度较低，经营不规范，参与人处于同一地域性人际关系网络中，在当局监管之外的金融活动，是一种"体制外"金融活动，是游离于现有金融体制和制度安排之外、受到主流金融排斥的一种"边缘化"金融活动（胡金焱，2004）。

在我国，非正规金融在组织形式上呈现出复杂多样性，非正规金融从农户之间的借贷到民营金融机构是一个发展过程。也有学者认为，随着经济的发展，非正规金融经历了两个发展阶段：一是无组织的民间借贷，其交易特点是一次性和分散化；二是有组织的民营金融，其交易特点是连续性、集中性和专业化。① 具体分析如下。

①民间借贷，是民间自发产生的用于满足临时性资金需求的一种非正规金融形式，主要在亲朋好友、当地居民和小企业之间发生。私人借贷具有灵

---

① 中国人民银行广州分行课题组. 从民间借贷到民营金融：产业组织与交易规则 [J]. 金融研究，2002（10）.

活、方便、额小范围广、总体规模大、利率水平差别较大等特点。一般最常见的方式是信用借款,它虽然不需要抵押品,但由于借贷双方处于同一社会网络中,相互了解,因而很少出现违约现象,并且往往规模有限。按利率高低划分,民间借贷有三种形式:白色借贷(友情借贷)、灰色借贷(中等利率水平借贷)和黑色借贷("高利贷")。民间借贷一般较分散、隐蔽,利率高低不一,借款形式不规范,管理难度大,其中黑色借贷风险较大。

②合会。在国外一般称之为 ROSCA(rotating savings and credit associations),其种类繁多,广泛分布在世界各地 80 余个国家和地区。合会是我国一种古老的互助性融资形式,在民间被公认为是有组织的借贷始于隋代。它集储蓄和信贷于一体,一般由发起人(称为会首或会主)邀请亲友若干人(称为会脚或会员)每人出资若干参加,根据内部协议,将资金集中提供给一个合伙人使用一段时间,并支付约定的利息约定,轮流使用,借以互助。合会在招集之初都有会单,会单上经常写明成员姓名、会议时间和要遵守的制度,例如,一个典型的会单如下:"1. 本会自农历 1998 年正月二十八日开始。2. 每三个月为一次,每次付会金 1000 元。3. 标会时间:中午 12 点正。4. 每次每会员代会金一次付清,请各会员互相遵守。"① 根据决定用款次序的不同合会有以下五种类型:一是"标会",又称"写会",它用投标的方法决定得会者;二是"拔会",江南称"单刀会",四川一带称"独角会""鳌头会",取独占鳌头的意思,其特点是会首独得会额;三是"轮会",又称"坐会""认会",其运作机制是得会之次序由各会脚预先认定;四是"摇会",又称"缩金会",各期以摇毂的方式确定得会者;五是"抬会",类似于"摇会"。此外还有"日日会""月月会""楼梯会"等。其中,标会、摇会、抬会发展较快,大多活跃在浙江、福建一带。

③企业社会借贷。企业借贷也是一种比较活跃的民间借贷形式,具有单笔借款金额大、期限短、利率相对低等特点。企业间借贷的时间段一般集中在生产旺季或是收购旺季流动资金需求量增大时,借贷对象主要是业务往来密切、相互比较信任的客户。企业社会借贷有时还会包括民营经济与国有企业和其他国有部门之间的更为广泛的资金交易②。实际上许多非国有企业的

---

① 王晓毅. 农村工业化过程中的农村民间金融——温州市苍南县钱库镇调查[EB/OL]. 中国农村研究网,2003 - 05 - 03.

② 李恩平. 利率参照与储蓄的动员、分配——一个两经济部门、二元金融市场的分析框架[J]. 金融研究,2002(3).

建立,在最初的资金来源和后来的资金运转中一个很大的部分就是从国有企业直接拨付或挪用的,有的是国有企业本身的盈利,有的则是国有企业通过国有身份从银行获得的隐含了金融补贴的贷款,尤其是后一种形式成为许多国有企业"资本运营"的重要形式,国有企业通过银行贷款的转移使用,从中获取两个市场之间的租金差额。还有的是在非国有企业与国有企业商业往来的过程中,以广泛的商业信贷和延期支付的形式出现。

④银背或钱中。银背或钱中即贷款经纪人指借贷成交信用的中介人或中保人,成为联结资金供求双方的桥梁。贷款经纪人不以自有资金进行放款,而是利用自己在信息和信用上的优势在借款人和贷款人之间进行撮合,使资金借贷得以完成,经纪人可能会为自己提供的服务收取一定的费用。中介人的介入使金融交易的范围和规模得到了扩大,但是借贷双方的信息不对称程度加大,中介人的重要性显而易见,如果中介人的"面子"越大,那么对于借贷的正常运行就具有更大的保障。

⑤钱庄。钱庄也是一种古老的民间金融组织,曾是新中国成立前金融领域的霸主,近年来,在福建、浙江民间金融较发达地区又活跃起来,其中不乏经当地工商行政部门批准设立的(但都未得到金融管理部门批准,因而也不具备合法性)公开挂牌经营的私人钱庄,例如苍南县钱库镇的"钱库钱庄"、苍南县"金乡钱庄"、乐清县乐城镇的"乐城钱庄等。这些私人钱庄经营范围为"民间货币",资金主要来源于钱庄所在地的个体商业户的营业收入款、城镇居民的消费剩余资金、附近农民存款、集体商业的临时存款以及个别的信托存款,钱庄的资金投向基本是本地的个体商业户,一般不对农村种植业、养殖业放款。目前,温州的钱庄普遍从企业业主自发组织的"排会"演变而来,多采用股份制形式,在地点上大多集中在乡镇,放贷对象一般是本乡镇的企业,势力范围一般在2000米之内,这样对前来贷款者的情况较熟悉,便于控制风险。① 企业在接到订单后,短时间内需要大量的资金,由于生产周期短、资金周转快,向地下钱庄支付的利息就相对低。一般而言,钱庄的存贷款利率大大高于商业银行。值得注意的是,私人钱庄的存在能够明显地抑制"高利贷"的利率水平。

⑥经营纯粹民间借款业务的典当行。典当是指出当人将其拥有所有权的物品作抵押,从当铺取得一定当金,并在一定期限内连本带息赎回原物

---

① 郭斌,刘曼路. 民间金融与中小企业发展:对温州的实证分析 [J]. 经济研究,2002 (10).

的一种融资行为。典当业曾在我国民间金融业中扮演过重要角色,目前国家也承认典当业的合法性,但由于大多民间金融得不到法律认可,因此,一些民间金融为规避法律经常以典当业的名义存在,导致一些典当行以典当之名,进行纯粹的民间借款业务。甚至同基金会和储金会联手搞"地下钱庄"。

⑦以融资为目的向社会借贷的集资行为。按集资用途分为生产性集资、公益性集资、合资办福利集资等,按利息高低,又可分为高息集资、低息集资和无息集资。集资方式包括以劳带资、入股投资、专项集资、联营集资和临时集资等。集资作为一种集中社会闲散资金的筹资方式,曾为解决企业资金短缺开辟了一个新途径,但由于一直未纳入国家信用轨道,发展不规范,也曾多次出现诈骗圈钱案件。

⑧民间票据市场。民间票据市场是指非银行间的票据流通市场,其市场主体一般为民营企业,交易方式为私下协商,由票据持有者根据票面金额、期限向票据需求者支付一定利息后从票据需求者那里得到现款。双方之间没有任何的商品交易基础,视票据票面金额、期限,双方约定不同利率,期限越长利率越高,票面金额则是符合购买者的需要。一般月利率在 0.3% ~ 0.4%。以票据为载体的民间融资形式早期主要存在于票据市场不发达的地区,例如山东、山西等地,现在在浙江、江苏、广东等南方省份发展势头较猛。

中国农村正规金融与非正规金融对比如表 3 - 2 所示。

表 3 - 2　　　　　　　　中国农村正规金融与非正规金融对比

项目	农村正规金融	农村非正规金融
组织或活动类型	农业发展银行、农业银行、农村信用社、农村商业银行、邮政储蓄银行、村镇银行等	小部分典当行亲友借贷(包括计息或不计息)、"高利贷"、各种合会、私人钱庄等
监管方式	银行监管部门监管	一部分由政府部门批设,有所监管(如利率限制),其余部分无监管,除亲友间借贷之外,基本上视为非法
业务性质	现代金融服务为主	传统借贷为主
融资状况	易获得国内和国际再融资机构的支持	主要依靠自有资金,以正规金融资金或吸储为补充
利率水平	金融管制导致利率偏低,实行信贷配给,利率弹性相对较大	市场化导致利率偏高,利率弹性相对较小

续表

项目	农村正规金融	农村非正规金融
交易成本	相对较高	相对较低
预算约束	较软	较硬
客户群体	以富裕农户、较大规模企业和集体组织为主	以民营企业、中小企业和中低收入农户为主
贷款特征	中长期大额贷款为主	短期小额贷款为主
其他特征	忽略社会、文化等条件	重视地缘、社区和亲属关系
经济作用	有助于经济的动态增长，但通常不能提供自我发展的启动资金	作为本土化部门，通过提供自助贷款维持缓慢的经济增长

资料来源：笔者整理。

(2) 非正规金融有效的运作机制。

按照主流经济理论，当金融市场处于完全竞争状态时，贷款人或投资人无须金融中介就可以直接放款给借款人或筹资人，资源配置自动能够实现帕累托效率，因此，非正规金融部门的出现不会改善社会福利状况。然而，现实中由于交易成本不为零以及信息不完全充分，非正规金融在农村广泛发展并且较为成功，这说明非正规金融必然有其独特的、正规金融不可替代的有效的运作机制。

①非正规金融有效的交易机制。张维迎描述了一个"乡村信誉模型"，讲了一个乡村社会发生借贷时信守承诺的故事。乡村里人们借贷交易无须书面合同或借据，甚至没有说清还款日期，但贷款人并不担心借款人违约，而借款人也会信守承诺。这是因为：借款人有追求长远利益的动机，不会为了短期的利益而损害自己的声誉。当事人之间进行的是重复博弈，不仅关心自己的利益，也关心后代的利益；一个人不守承诺的消息很快就会被全村人知道，信息是个人行为受到监督的基础，对维持信誉机制具有关键作用；人们有积极性惩罚违约者，办法是不再与他交易往来，从而惩罚是可置信的。一般而言，金融中介的交易成本可分为固定成本和变动成本两个部分，前者主要是指金融中介分支网络的运营费用；后者则包括契约文书的处理成本、风险确认成本、监督实施成本、搜寻成本及时间成本等。与正规金融中介相比较，非正规金融中介节约了大量的交易成本：第一，在整个非正规金融交易过程中，产权的界定始终是清晰的，从而交易双方具有追求长期效用最大化的动力，形成一种硬约束的信用关系。第二，农

村非正规金融借贷双方多数是自然人,为了追求长远利益,在无限次的重复博弈中,借贷双方的行为便分别是贷出资金和守约还贷。第三,非正规金融的交易是实名的,交易双方一般互相认识,借款人违约的信息很快会几乎无成本地在一定区域内传播。第四,非正规金融交易对于违约一方的惩罚不仅包括可能依赖的法律系统,更主要是依赖社会关系的约束与监督,诸如舆论谴责、社会排挤等非法律惩罚有时更有效。不论是民间的金融机构,还是非机构性的民间借贷,乡土社会的社会关系网都起着重要的作用。第五,非正规金融交易操作简便,合同内容简单,其组织和运转成本较低。第六,非正规金融机制灵活,借贷双方可就贷款的归还期限、利率、归还的方式等进行创新和变通。

②非正规金融的信息机制。由于正规金融交易双方对于交易的对象往往具备不对称的信息,正规金融的信贷活动从而存在"逆向选择"和"道德风险"问题,即使没有政府干预,信贷配给也会作为一种长期均衡现象存在从而实现农村正规金融市场的"被约束的帕累托效率"(constrained pareto efficiency),从而降低了信贷资金配置效率。斯蒂格利茨和威斯(Stiglitz & Weiss,1981)所定义的信贷配给是指:第一,在无差别的贷款申请人中,一些人获得了贷款而另一些人却没有获得贷款,那些没有获得贷款的人即使愿意支付更高的利率也还是得不到贷款;第二,无论贷款的供给多么充足,总会有一些人在任何利率下都无法得到贷款。乡土社会的相互熟悉和信任使非正规金融交易双方具有更完全的信息。在我国广大农村地区,农民与外界交换信息需要支付高昂的成本,但同一村落内的农民彼此几乎完全了解,相互间获取信息的成本非常低廉。因此,在非正规金融活动中,贷款者在交易发生前对借款人信息的掌握解决了正规金融交易中的逆向选择问题,借款交易发生后对项目的有效运行信息的掌握解决了正规金融交易中的道德风险问题,从而能在一定范围内更有效率地配置资金。

③非正规金融中的担保机制。信息的不对称已经阻碍了正规金融机构在农村开展信贷服务;但另一角度来说,从我国农户财产的分布状况来看,按价值由大到小的顺序排列依次为不具有完全产权的土地、房屋、生产工具(如牲畜、农具)以及其他诸如储存的粮食、家具等。很明显,农户拥有的按价值高低顺序排列的财产与银行可接受的抵押品顺序正好相反,这就造成了农户普遍缺乏必要的担保品,形成了困扰正规金融机构在农村开展业务又一障碍。但在非正规金融交易中有着更为广泛的可以被借贷双方

接受的有形的和无形的担保品。在有形的担保品方面，在非正规金融市场上，可充当担保品的不仅包括固定资产，还包括农机具、牲畜等流动资产以及诸如农作物未来的收益权等；同时，社会关系、自身的信誉及相互间的关联交易在借贷交易中可充当无形的担保品功能，它涉及农民个人及家庭的名誉问题而被看重。刘民权等（2003）对非正规金融的担保机制做了很完善的概括。他们指出，第一，在非正规金融活动中，由于借贷双方居住的地域相近并且接触较多，因此，担保品的管理和处置成本相对较低，一些不被正规金融机构当作担保品的财物仍可作为担保品；第二，在农村非正规信贷市场上，借款人和贷款人之间除了借贷关系外，他们在其他市场如商品市场上也存在交易关系，这种交易关系也是一种担保，它增加了借款人违约的成本，使贷款人能够对借款人保持一定的控制力，加强了对借款人正确使用贷款以及履行还款义务的激励，从而使关联契约也成为一种担保；第三，非正规金融市场上的借贷双方不仅有信用关系，还处于一定的社会联系中，这种社会联系也是一种资源（无形的资源），它一旦和借款人的还款行为挂钩，就成为一种社会担保机制，或称隐性担保机制，对借款人的行为构成约束。

④非正规金融有效的激励机制。我国长期以来的贷款利率一直偏低，潜在市场均衡利率与法定利率之间的差额构成的制度性租金由银行和贷款企业（主要是国有企业）分享。而非正规金融活动中，贷款者可独自获取这种制度性租金：针对不同的资金需求者收取不同的价格，从而实现收益最大化。此外，与农户主体对等的大多数非正规金融活动中的贷款者不存在代理问题，从而避免了在委托—代理关系中的双方代理人可通过非法方式使借款者承担的真实贷款利率高于市场均衡水平。

一种小额信贷是近30年来在农村金融领域最为重要的制度创新，理论研究表明，小额信贷机制通过社会担保的形式，有效地解决了物质担保的缺乏问题，同时，社会网络资源的优势使得小额信贷集中表现为团体贷款（group lending）或团体责任（group liability）。通过团体成员的组合，小额信贷有效地引导了贷款发放环节的贷款人筛选，克服了逆向选择；通过同伴监督（peer monitoring），小额信贷有效地解决了贷款项目的选择，克服了事前道德风险问题，同时也解了贷款偿还环节的执行困境，克服了事后道德风险问题。这些优势，使团体贷款比之于个人贷款，有更高的偿还率。然而，近年来，小额信贷制度越来越重视对于个人的贷款，使团体贷款优势论受到了冲击。

还有一种在世界各个地区广泛存在的非正规金融形式是储蓄贷款联合会，主要有两种形式：循环式的储蓄贷款联合会（Rotating Savings and Credit Associations，ROSCA）以及积累式的储蓄贷款联合会（Accumulating Savings and Credit Associations，ASCRA）。贝斯利、科特和洛瑞（Besley，Coate & Loury，1993）对此进行了详细的讨论。在 ROSCA 中，每一次收到储蓄之后，都会立即将这部分资金支付给联合会的一个成员，这样，当每一个成员都受到了一次资金的支付之后，ROSCA 也就随之解散。和 ROSCA 相比，ASCRA 是一种更加接近现代金融组织的联合。在收到了成员的存款之后，ASCRA 将会有一个贷款的基金，随时应对成员的贷款需要。因此，ASCRA 中的贷款不是自动发放的，要经过联合会的管理者的审批，有时还会对贷款人提出担保要求。并且，贷款是要收取利息的，这种制度增强了农户的资本积累能力，同样对于成员的健康或者收入冲击也会起到风险分担的作用（Caiomiris & Rajaraman，1993）。

农村合作基金会是 20 世纪 80 年代中期兴起的准正规金融组织，其经营资本主要依赖于农户的资金注入，其经营活动归农业农村部而不是中国人民银行管辖。到 1996 年农村合作基金会的存款规模为农村信用合作社的 1/9。农村合作基金会对农村经济的融资需求提供了极大的支持，一项全国性的调查表明农村合作基金会 45% 的贷款提供给了农户，24% 的贷款提供给了乡镇企业。这不仅大大超过了农业银行的相应贷款比例，而且超过了农村信用合作社的贷款中投入农村经济的比例。由于农村合作基金会不受货币当局的利率管制，因而其贷款利率较农村信用合作社更为灵活，贷款的平均收益也更高（Brandt，Park & Wang，2001）。为了消除来自农村合作基金会的竞争对农村信用合作社经营所造成的冲击，1997 年国家做出了清理整顿、关闭合并农村合作基金会的决定。随后的 1998~1999 年，包括村级基金会在内的整个农村合作基金会被彻底解散并进行了清算。除农村合作基金会外，非正规金融体系主要由亲友之间的个人借贷行为、个人和企业团体间的直接借款行为、经济服务部、金融服务部、"高利贷"、各种合会、私人钱庄等组成。经济服务部、金融服务部也是类似于信用合作组织，基本上均被取缔。合会（国外称轮转基金）是各种金融会的统称，通常建立在亲情、乡情等血缘、地缘关系基础上，带有互助合作性质。

3.2 中国农村融资困境的理论解释

3.2.1 "双重信贷配给"与农村融资困境*

一般意义上的"信贷配给"是指以下两种情况之一：一是在无差别的贷款申请人中，一些人获得了贷款而另一些人却没有获得贷款，那些没有获得贷款的人即使愿意支付更高的利率也还是得不到贷款；二是无论贷款的供给多么充足，总会有一些人在任何利率水平下都无法获得贷款。然而，中国作为一个处于转轨经济的发展中国家，信贷市场上的信贷配给现象有其特殊性和复杂性，除了不对称所形成的均衡信贷配给以外，还存在着政府主导的二元金融结构所形成的非均衡信贷配给。

3.2.1.1 农业贷款中的政府主导所形成的信贷配给

严格来说，农业贷款有狭义和广义之分，狭义的农业贷款是指银行和信用合作社等金融机构按照归还时付给利息的约定向农业生产单位或农户提供所需生产、流通资金的一种信用活动；广义的农业贷款还包括为农业生产者提供的生活贷款。本书的研究主要指狭义的农业贷款。

农业贷款中政府主导所形成的信贷配给主要是指由中国作为一个发展中大国所形成的"二元金融结构"和政府长期的利率管制所导致的非均衡信贷配给。在中华人民共和国之后的很长时间，限于当时的国内国外环境，我国确实需要尽快建立和发展完备的工业体系，因此实施了工业和城市优先发展的经济战略。金融是为实体经济发展服务的，与这种发展战略相匹配的金融体系必然要汲取大量的金融资源包括农村的金融资源以为工业和城市发展提供资金支持，从而形成我国的"二元金融机构"，使我国金融在城市和乡村之间存在着非均衡性。随着工业和城市的不断发展，我国也越来越重视"三农"（包括农业、农村和农民）发展。20世纪90年代以前，信贷机构确定的农业贷款利率都由政府管制，农户、农村企业和农村开发性项目贷款利率一

---

* 本书中的"农村融资困境"主要是指广大农户和农村中小企业所面临的融资困境。

般要比普通工商业贷款利率低 0.5~2 个百分点。长期的低利率不能正确反映农业信贷市场的供求关系，农村的主要金融机构——农村信用社不能根据农业的风险状况实行差别定价，缺乏可抵押的财产和信用水平较低的农户就被排除在贷款门槛之外了，因此，政府实行的这种利率管制在供需严重不平衡的前提下容易演绎成信贷配给。

3.2.1.2 农业贷款中的市场机制所形成的信贷配给

斯蒂格利茨和威斯（Stiglitz & Weiss，1981）从不完全信息市场的角度对信贷配给进行了深入研究，之后很多学者在此基础上展开了更细致的讨论。斯蒂格利茨和威斯（Stiglitz & Weiss，1981）指出，在信息不对称情况下，"逆向选择"和"道德风险"广泛存在于信贷市场之中。这里的"逆向选择"是指，那些愿意支付高利率的借款者往往具有较高的风险程度，还款概率比较低，因此，当利率上升时，借款者的平均风险程度上升，这可能会降低银行的收益。"道德风险"是指，利率上升会降低既定项目成功时的净收益，所以利率越高借款者越倾向于投资那些高风险但成功时报酬较高的项目。如果有关还贷风险的信息在借贷双方的分布是严重不对称的，那么这个借贷市场的利率，作为一种借贷的资金的价格参数，不仅起到调节借贷资金供求的作用，它同时还是一种信号，起着一个重要的"筛选"功能，借助于它来过滤不同借款人的还贷风险；那么，利率的变化就成为调节贷方资产选择的风险组合的工具。由于上述原因，银行期望报酬的增加会慢于利率的上升。当利率上升超过一定的临界值以后，银行却不愿意放款给那些愿意支付更高利率的借款者，因为如果以更高的利率放款，银行将承受更高的风险，从而降低其期望报酬。与利率的作用相似，银行要求的担保品越多，所有借款者的平均风险厌恶程度将越低，从而投资者也将倾向于投资风险更大的项目。因此，当利率具有改变借贷风险组合的功能时，这个借贷市场无法像古典意义上的市场那样在均衡的利率水平下实现资金供求平衡，会产生比瓦尔拉均衡更稳定的信贷配给均衡，它使银行可以通过利率的甄别机制（screening devices）来选择贷款对象，从而实现信贷市场上的"被约束的帕累托效率"和利润最大化。

1997 年以来，我国的信贷政策一直向农村倾斜，但农业贷款在全部贷款中的比例仍然出现下降，而且 2004 年 10 月放开金融机构贷款利率上限（城乡信用社除外）、扩大农村信用社贷款利率浮动上限以来，农业贷款并无明显增加。这说明市场机制中的信息不对称形成的均衡信贷配给在农业信贷市场上发挥了作用，是造成农民融资困境的重要原因。农业贷款中的市场机制所形成的信贷配给主要是同金融机构的经济人理性和农业的脆弱性相联系的。在人地关系过度紧张压力下，小规模经营农户本身生产性借贷不仅数量有限，而且多与生活性需求相关；同时农户本身经营和居住具有分散性、收入受自然条件和市场波动的影响较大；同时，农民信息透明度不高、信用等级较低、可抵押资产较少；在农村地区，非公有制经济部门数量多、规模小，从而需求面广、需求金额不大，若正规金融部门扩展其原有的服务内容，需要支付的网点建设、信用评估、贷款使用监督等成本相应地需要大幅度提高，从成本收益角度分析，正规金融部门所付出的成本可能远超过所能得到的收益。在农村信用合作社与农业银行彻底脱钩、农业发展银行的机构下伸以后，虽然在农村金融市场上形成了农村信用合作社、农业银行、农业发展银行"三足鼎立"的局面，但对中国大多数地区的农村居民而言，面对的仍然仅是农村信用合作社。一是中国农业发展银行主要从事农副产品的收购贷款、商品粮基地建设贷款、农村基建贷款，不与个体农户发生信贷业务；二是中国农业银行在很多乡镇以下地带，较少设分支机构。基于此，农村个体经济、民营经济及农户就往往被隔离在正规的信贷市场之外，由此形成了"银行向农民贷款信息成本和监督成本较高—银行疏远农民—银行向中小企业贷款的信息成本和监督成本更高"的恶性循环。以下运用不完全信息动态博弈理论对农业贷款市场机制下的信贷配给的形成过程进行理论分析，剖析农业贷款难的原因。

（1）基本假设。

①参与人：农户和银行均为理性经济人，即以追求自身利益最大化为目标，且均是风险中性的。

②借款人类型 θ 有两种：L 为低风险者，H 为高风险者。低风险的借款人能够归还银行的贷款，高风险的借款人将造成贷款损失。低风险的农户 L 在申请贷款时提供真实材料，真实地显示自己的类型；高风险农户 H 在申请贷款时为了获取贷款，提供虚假材料。

③借款给低风险农户 L 时银行收益为 R_L，借款给高风险农户 H 时银行收益为 R_H。

④由于银行和借款人之间存在的信息不对称，借款人类型 θ 为农户的私

有信息，银行只能在经验的基础上通过观察借款人的行动进行推断，因此，银行和农户之间的信贷博弈是一种不完全信息动态博弈。

（2）在贷款申请问题上银行和农户的动态博弈。

①由于该博弈是不完全信息博弈，银行不知道申请农户的风险类型，进而不知道它们的收益函数，为了便于分析，我们进行海萨尼转换（Harsanyi transformation），引入一个虚拟的参与人——"自然"（nature），通过这个转换，我们把"不完全信息博弈"（game of incomplete information）转换成"完全但不完美信息博弈"（game of complete but imperfect information）。"自然"先行动，选择农户的风险类型，把参与人农户分成高风险农户 H 和低风险农户 L，并且知道 H 和 L 的概率分布 P（H）和 P（L）。

②博弈进入第二阶段，由农户决定是否申请贷款。这里我们假设高风险农户和低风险农户都会申请贷款。

③博弈进入第三阶段，银行根据农户的风险大小来决定贷款的发放。由于"自然"先行动，选择了农户的类型，因此，银行虽然不知道每个农户的真实类型，却知道各种类型农户的概率分布，即银行知道农业贷款市场中高、低风险农户的概率分布 P（H）和 P（L）。同时，由于信贷博弈是一个动态博弈过程，行动有先后次序，因此，银行还会通过观察提出贷款申请的农户的行为来修正自己关于农户类型的"先验概率"，即计算出申请人当中高风险、低风险农户的概率。设借款农户为 a，根据贝叶斯法则，银行可以计算申请人当中低风险农户 L 和高风险农户 H 的概率，即：

$$P\langle L \mid a \rangle = \frac{P(L)P\langle a \mid L \rangle}{P(L)P\langle a \mid L \rangle + P(H)P\langle a \mid H \rangle}$$

$$P\langle H \mid a \rangle = \frac{P(H)P\langle a \mid H \rangle}{P(H)P\langle a \mid H \rangle + P(L)P\langle a \mid L \rangle}$$

又 $P\langle a \mid L \rangle = P\langle a \mid H \rangle = 1, P(L) + P(H) = 1$

所以 $P\langle L \mid a \rangle = P(L)$

同理可得： $P\langle H \mid a \rangle = P(H)$

即申请人中高、低风险农户的概率为信贷市场中高、低风险农户分布的概率。银行无法准确地知道申请农户的风险类型，银行是否会贷款取决于贷款的期望收益，在这里，银行贷款的期望收益为：

$$E(R) = P(L)R_L + P(H)R_H = P(L)R_L + [1 - P(L)]R_H$$

只有当 $E(R) \geq R_f$，$[R_f = (1 + r_f)B$，其中，B 为贷款金额，r_f 为无风险收益率]，即：

$$P(L)R_L + [1 - P(L)]R_H \geq R_f, \quad P(L) \geq \frac{R_f - R_H}{R_L - R_H}$$ 时，银行才会贷款。

这是一个混同均衡（pooling equilibrium），意味着在市场中大多数农户经营状况好的前提下，银行才会愿意发放贷款，但少数时候银行要受骗上当蒙受损失。所以当农业经营风险大、农民整体信用水平较低等因素使低风险农户的分布概率 $P(L)$ 降低以至于 $P(L) < \frac{R_f - R_H}{R_L - R_H}$ 时，银行出于风险考虑会拒绝贷款或少贷，即对广大农户产生"惜贷"行为。此时，即使低风险农户也很难获得信贷支持。

(3) 在贷款归还问题上的银行和农户的动态博弈。

当银行贷款到期时，农户和企业都有两种选择，农户或按期还款，或赖账不还，银行或追究债务，或忍受损失。假设 C_1 为追究农户赖账行为时银行付出的成本；C_2 为追究农户赖账行为时农户付出的成本；F 为农户贷款获得的财务利益；p 为银行追究成功的概率，则追究赖账行为时银行的期望收益为 $(R - C_1)p + (-R - C_1)(1 - p)$，其中，$R = (1 + r)B$；在银行追究的情况下，农户赖账的期望收益为 $(R + F - C_2)(1 - p) + (-R + F - C_2)p$。显然，理性银行只有在 $(R - C_1)p + (-R - C_1)(1 - p) > -R$ 的情况下才会选择追账行为；理性农户只有在 $(R + F - C_2)(1 - p) + (-R + F - C_2)p > -R$ 的情况下才会选择赖账行为。以下用具体数字进行分析。

在不考虑交易成本等情况下，银行和农户之间存在四种博弈关系：第一，银行不贷款时，银行的收益为零，农户的收益也为零；第二，银行贷款到期时，农户按时还款，银行和农户各自得到收益为 2；第三，银行贷款后，农户赖账，银行追究债务，这时尽管银行的利益得到了保护，但因付出了追债成本，收益为 1；农户因赖账而受到了一定的惩罚，收益也为 1；第四，银行贷款后，农户赖账，银行选择忍受，这时银行遭受到损失，收益为 -2，而农户的收益为 2。

于是，银行和农户间的博弈结果包括以下四种情形（括号中的第一个数字代表银行收益，第二个数字代表农户收益）：第一，银行不贷款，双方收益都为零 (0, 0)；第二，银行贷款，农户还款，双方收益为 (2, 2)；第三，银行贷款后，农户赖账，银行追究债务，双方收益为 (1, 1)；第四，银行贷款后，农户赖账，银行忍受损失，双方收益为（-2,2）。

显然，经过利益的权衡，在农户赖账时，理性银行必然选择追究。理性的农户将还款与赖账进行比较，会选择还款。因而博弈的均衡状态是银行贷款，农户还款，此时双方收益为（2,2）。

然在现实经济生活中，交易费用不可能为零，不仅存在银行对中小企业的管理监督成本等问题，而且农户普遍缺少担保或者可供抵押的物品，所以银行的追究成本往往较高，追究成功的概率也不大，所以农户赖账时，银行会选择忍受，从而银行会选择少贷或不贷策略，产生"惜贷"现象，从而使博弈结果倾向于（0,0）。

因此，通过对银行和农户之间在贷款申请阶段和还款阶段的博弈分析可知，信息不对称、农业的脆弱性以及抵押物品的缺乏是造成农业贷款中的市场机制所形成的信贷配给的主要原因。

3.2.2 "信用担保配给"与农村融资困境

在存在"双重信贷配给"的市场中，农村的困境更加突出。为缓解信贷配给，信用担保被作为一种有效的机制被引入，并发展成为一种新兴的行业，在分担银行信贷风险、缓解农民和中小企业融资困境等方面发挥着日益突出的作用。信用担保的基本特点是，由信用担保机构与债权人（银行）约定以保证的方式为农民和中小企业提供担保，当某中小企业不能按合同约定履行债务时，由信用担保机构进行代偿，即承担该农民或中小企业的责任或履行债务。这样，在信用担保机制引入后，原来由银行承担的风险便转嫁给了担保机构。然而，由于信息不对称，作为担保供给方的信用担保机构和作为担保需求方的农民和中小企业之间依然存在着逆向选择和道德风险问题，在此条件下，信用担保市场中的"信用担保配给"问题的存在依然制约着农村融资问题的解决，我们通过构建理论模型对"信用担保配给"的存在进行了证明和分析。

从近几年中国信用担保行业的发展概况来看，担保行业市场化的进程明显加快，担保体系建设已经由政府主导型向市场主导、政府引导型方向发展，集中体现为完全由民间出资的担保机构的数量不断增加。按照担保机构的投资主体及担保目的来看，完全由民间出资的担保机构中的很大一部分属于商业性担保机构①，即通过金融市场的细化，通过"承担风险、增强信用"来赚取商业利润，同时也客观地起到了促进信用链条流畅、缓解信贷配给的作用。但是，这一现象与国外已经基本上停止了商业性担保公司的事实②是截然不同的。另外，20世纪80年代，除日本等东亚国家较好地保持了其信用担保计划（credit guarantee schemes，CGSs）的有效运作外，很多拉丁美洲国家和非洲国家的信用担保体系出现了贷款返还率低及财政赤字增加等问题，这促使人们去思考信用担保计划的合理性和有效性。而商业性担保机构，较之政策性担保机构和互助性担保机构，面临的风险更大。因此，我们主要对作为中国经济转型时期信用担保体系重要组成部分的商业性担保机构的运行机制进行考察，分析商业性担保市场上存在"信用担保配给"现象。

3.2.2.1 信用担保相关研究述评

近30年信贷融资担保的理论研究主要是在信息不对称③框架内展开的，因此，我们的文献评论将不涉及完全信息条件下的融资担保。巴罗（Barro，1976）确立了融资担保理论在金融经济学中的独立地位，他集中研究了担保的经济功能、交易成本以及对利率和贷款规模的影响。最初对担保的理论研究，基本上是在研究信贷配给问题时有所涉及。斯蒂格利茨和威斯（Stiglitz & Weiss，1981）在信贷配给模型（以下简称"S—W"模型）的分析中提出了逆向选择担保理论，贷款者发现把他们的担保要求提高到超过某些临界点的范围之后，风险反而上升而回报反而减少了。后来，在他们改进了的理论模型中，贷款者可以同时改变担保要求和贷款利率以影响贷款申请者组合。韦特（Wette，1983）改变了S—W模型中借款人为风险厌恶者的假设条件，提出在借款人风险中性的条件下，银行的抵押品要求同利率一样可以成为信贷配给的内生机制。贝斯特（Bester，1985）及贝赞可和萨克（Besanko & Thakor，

---

① 按照担保机构的投资主体及担保目的的不同，可以将担保机构分为三类，即政策性担保机构、互助性担保机构和商业性担保机构。其中，政策性担保机构主要体现政府的政策性目的和政策导向，其担保资金和业务经费以政府预算资助和资产划拨为主，起到弥补"市场失灵"的作用；互助性担保机构则以向会员提供信用、分担风险"为主要目的。这两种类型的担保机构均不以营利为目的。

② 1992年瑞典一家世界著名的担保公司因贷款担保而导致破产震惊世界，此后各国基本上停止了商业性担保公司。

③ 阿克洛夫（Akerlof，1970）证明了信息不对称的存在会导致逆向选择的发生，而逆向选择的存在会使帕累托改进不能实现，并指出担保就是缓解信息不对称的有效机制之一。

1987）认为，在信息不对称条件下担保可以缓解信贷配给问题。王霄和张捷（2003）通过考虑贷款抵押品的信号甄别机制和银行审查成本对贷款额的影响，将借款企业的资产规模、风险类型与抵押品价值相联系，构建了内生化抵押品和企业规模的均衡信贷配给模型。此后，更多的理论文献详细探讨了担保机制在信贷过程中的作用和影响，陈和卡纳塔斯（Chan & Kanatas, 1985）研究了在不对称信息条件下担保的信号传递功能；陈和萨克（Chan & Thakor, 1987）综合了巴罗（Barro, 1976）分析的某些合理因素，对S—W模型加以推广，将不对称信息和道德风险都包含在担保和信贷配给的竞争性均衡分析中，提出了两类竞争性均衡的概念。贝赞可和萨克（Besanko & Thakor, 1987）研究了两个不同的市场结构下的担保对信贷配给的影响，其中在完全竞争条件下，银行通过设计出相关利率和担保要求逆向变化的信贷合约，就能够筛选出借款者的风险类型；同时还证明了第三方担保（信用担保即是第三方担保的一种）的存在增加了担保的可获得性，可以降低银行要求的担保额，相应地减少了信贷配给的可能性；位志宇和杨忠直（2006）分析了单个担保机构在面临逆向选择和道德风险时的风险规避选择。总的来说，大多数理论研究认为，低风险借款者将会提供更多的担保。此外，也有少数理论文献认为高风险借款者将会提供更多的担保，例如，布特、萨克和尤戴尔（Boot, Thakor & Udell, 1991）考察了担保在存在道德风险和私人信息的借贷市场中的作用后，得出了担保水平与借款者的风险程度正相关的结论。陈（Chen, 2006）也得出了同样的结论，同时认为定价合理的第三方担保可以减轻无效率的借款者的项目清算问题。

有关担保如何影响信贷融资的实证研究也取得了一些进展，例如，经验数据证明担保要求与借款者的风险程度并非是逆向变化的，即高风险借款者往往倾向于提供更多的担保来获得贷款，而且，对贷款者而言，担保贷款的平均风险要高于无担保贷款的平均风险（Leeth & Scott, 1989；Berger & Udell, 1990；Coco, 1999）。同时，在中小企业融资方面，担保水平与中小企业借款者的风险程度也是正相关的（Berger & Udell, 1995；Harhoff & Korting, 1998）。巴特查里亚（Bhattacharyya, 2005）运用孟加拉国的数据发现，在农村信贷中利率水平与担保品的价值及其变现能力是呈反向关系的，但是并不意味着借款者提供的担保水平与其风险程度是逆向变化的。还有学者运用中国台湾地区的数据研究发现，企业拥有的可用于担保的财产对其可获得的贷款数量具有正面且重要的影响，而且担保的杠杆作用的大小表现出与投资周期相吻合的一致性（Chen & Wang, 2007）。上述实证研究的很多结论是与前面理论分析的结论不一致的，这使我们对于担保机制有了不断的认识和重新的刻画。

上述信用担保的相关文献主要从银行和企业的角度考察了担保在贷款申请发放过程中对信贷市场均衡的影响及作用。然而，对于担保机构尤其是以营利为目的的商业性担保机构的整体运行机制，现有的研究缺乏理论分析。以下通过构建一个不对称信息下中小企业商业性信用担保市场的"信用担保配给"模型，试图证明：在均衡状态下，中小企业商业性信用担保市场会出现中小企业"信用担保配给"的现象。由于农户和中小企业的特征类似，例如资产规模小和信息不对称较明显等，所以我们此处中小企业信用"信用担保配给"的分析同样适用于对农户信用担保的分析。

3.2.2.2 "信用担保配给"模型的建立与分析

（1）假设与模型的建立。

①考虑一个普遍存在风险中性者的经济。中小企业信用担保市场上存在多家商业性担保机构和多个中小企业，担保机构和中小企业分别通过选择担保条件（可通过担保机构收取的担保费率和企业提供的反担保品来反映）和投资项目来追求自身利润最大化。

②中小企业的融资方式主要是比较单一的外源性融资，而其外源性融资又主要依靠垄断性的大银行的贷款。

③担保机构面临一组投资项目，每个项目 θ 的总报酬 R 具有一个概率分布，中小企业不能改变该分布。

④担保机构可以区分不同收益均值的投资项目，所以担保机构面临在相同收益均值项目时的决策问题。当然，担保机构无法确定具体项目的风险程度。

⑤每个中小企业一次只能投资一个项目，不同中小企业报酬的分布不同。

⑥我们将中小企业项目报酬的概率分布写作 F（R，θ），其概率密度函数为 f（R，θ_1），且在均值不变的分布中 θ 越大意味着项目的风险越大（Rothschild & Stiglitz, 1970），即对于 $\theta_1 > \theta_2$，如果：

$$\int_0^\infty Rf(R,\theta_1) = \int_0^\infty Rf(R,\theta_2)$$

那么对于 $y \geq 0$，$\int_0^y F(R, \theta_1) dR \geq \int_0^y F(R, \theta_2) dR$

⑦企业为投资项目需要的银行贷款为 B，并且企业的自有资金不计成本（此假定是为了简化过程，并不影响推导结果），银行贷款利率为 r，无风险利率为 r_f。

⑧担保机构承保比例为 η，担保费率为 g，担保机构按实际承保金额 $(1+r)B\eta$ 计算收取担保费。中小企业提供的反担保金额为 W，而且 W < $(1+r)B$。在收益 R 与反担保 W 之和不足以偿还需要偿还的资金数额时，中小企业就有可能对银行违约，从而担保机构需要承担偿付责任。此时：

$$R + W < B(1+r)$$

因此，基于上述假设，中小企业的净收益 π 可以表述为：

$$\pi = \max[R - (1+r)B - g(1+r)B\eta; -W - g(1+r)B\eta]$$

担保机构的净收益 ρ 可以表述为：

$$\rho = \min[g(1+r)B\eta; g(1+r)B\eta + R + W - (1+r)B]$$

我们考察的是一个基于不对称信息的中小企业信用担保市场，市场中有多家商业性担保机构和多个中小企业，由于担保机构之间是竞争的，为此，我们研究的均衡是竞争性均衡。在模型中存在使担保需求与担保供给相等的担保条件，然而，总的来说，它们并不是均衡的担保条件。

（2）模型分析。

作为担保供给方的担保机构关心的是担保条件和所担保的投资项目的风险，然而，担保条件通过以下两种途径之一会影响该担保机构所有担保项目的风险：第一，影响潜在担保需求方的风险程度（逆向选择效应）；第二，影响担保需求已被满足的企业的行动（激励效应）。这两种效应都派生于担保市场的不完备信息。

担保条件之所以具有逆向选择作用是因为不同的担保需求方的还款概率不同，从而担保机构承担偿付责任的概率不同。担保机构的期望报酬取决于承担偿付责任的概率，因此，担保机构十分希望知道担保需求方的还款概率，但很难做到。那些愿意负担较高的担保条件的中小企业往往具有较高的风险程度，它们愿意支付较高的担保条件是因为觉察到它们能够还款的可能性较低。因此，当担保条件提高时，中小企业的平均风险程度上升，这可能降低担保机构的收益。同样,当担保条件改变时,中小企业的行为可能会发生变化,这是因为担保条件的提高会降低项目成功时的收益,担保条件越高中小企业越倾向于投资那些低成功率但成功时收益较高的项目。

在信息完备且信息无成本的情况下,担保机构或者银行都可以准确地掌握中小企业采取的所有行动。但是,在不对称信息条件下,担保机构会尽量争取使担保合同既能吸引到较低风险的中小企业又能促使中小企业在采取行动时多考虑担保机构的利益。

在上述分析下,我们可以得到以下三个结论。

结论1:给定利率水平 r,就有一个临界值 $\hat{\theta}$,使中小企业只有在 $\theta > \hat{\theta}$ 时才会向担保机构申请担保。这一分析结论可以通过观察图3-2得到。

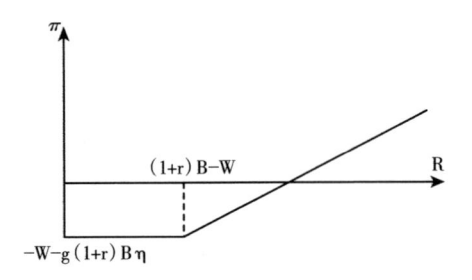

图3-2 农村中小企业的净收益函数

资料来源:笔者绘制。

从图3-2可以看到,中小企业的净收益是 R 的一个凸状函数,净收益是随着风险的增加而增加的。对于每一个 $\hat{\theta}$ 值也就是净收益为零时的 θ 值,满足:

$$\pi(\hat{\theta}) = \int_0^\infty \max[R - (1+r)B - g(1+r)B\eta \\ - W - g(1+r)B\eta]dF(R,\hat{\theta}) \\ = 0$$

在临界值 $\hat{\theta}$ 处,对应的临界值 $\hat{R}$ 等于 $(1+r)B + g(1+r)B\eta$。由此,我们可以得到结论2。

结论2:当担保条件提高时,θ 的临界值(低于该值,企业将不会申请担保)将上升。显然,当担保条件增加时,中小企业的净收益曲线 R 轴的交点将会向右移动,所以临界值 $\hat{R}$ 上升,所以 θ 的临界值将上升。

结论3:担保机构对每一笔担保的期望报酬是该项担保项目的风险程度

的递减函数。这个结论可以由图 3-3 得到。在图 3-3 中，ρ 是 R 的一个凹状函数。

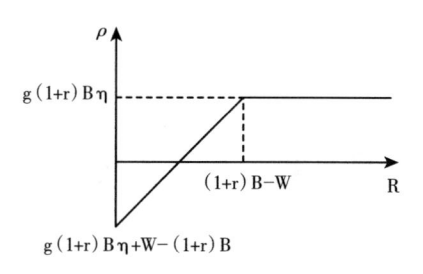

图 3-3 每一笔担保的期望报酬函数

资料来源：笔者绘制。

由以上结论 1、结论 2 和结论 3 我们可知，担保条件提高不仅可以使担保机构的报酬增加，而且还可以通过间接的逆向选择作用使担保机构的报酬下降，如图 3-4 所示。

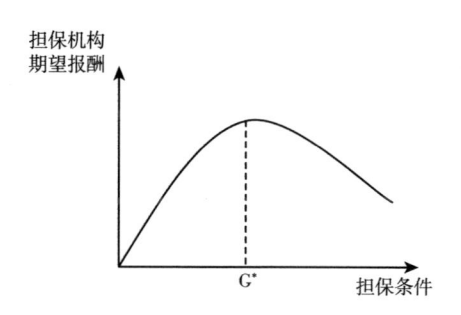

图 3-4 担保机构的期望报酬函数

资料来源：笔者绘制。

当担保条件提高到一定程度时，这种间接的逆向选择作用的结果将会超过前者，担保机构的期望报酬会下降。我们将使担保机构的期望报酬最大化的担保条件称为银行的最优的担保条件 G^*。在 G^* 处，担保的需求超过了供给。一般的分析认为，当担保的需求大于担保的供给时，那些担保需求未能得到满足的中小企业愿意负担更高的担保条件，以使担保条件上升，直到需求等于供给。但是，事实上，尽管在 G^* 处，需求不等于供给，它却是均衡的担保条件，担保机构不愿意为那些愿意支付比 G^* 更高担保条件的中小企业提供担保。因此，也就不会存在任何动力去使得担保供给和担保需求相等，这样也就出现了中小企业"信用担保配给"均衡，也就是说，在中小企业信用担保市场的均衡状态,将会出现"信用担保配给"现象,仍会有一些中小企业得不到信用担保,从而也就难以获得银行贷款。同样的分析也适用于对农户通过信用担保机构获取担保的过程。因此,"信用担保配给"的存在使一些农户和农村中小企业依然得不到信用担保,从而仍然难以获得信贷支持。

3.3 中国金融发展对农民收入增长的影响渠道分析

以往的研究文献中,金融发展与农民收入增长关系的揭示更多的只是间接地从有关金融发展与收入差距的研究中获得,直接探讨两者之间相互影响关系及影响机制的理论分析较少。通过前面的分析,我们已经知道农村的融资困境是显而易见的,同时又由于大多数农民的财富较少,就更加限制了农民的包括人力资本在内的各种投资活动,从而影响了农民家庭经营净收入的增加。同时,根据对中国农民收入结构变化特征的分析可知,随着经济的发展,劳动力流动的障碍逐渐消除,有些地区的农民工资性收入对农民总收入的贡献越来越大。因此,在中国二元金融结构下,金融发展是通过影响农民的家庭经营净收入和工资性收入来共同影响农民总收入的,农村金融发展主要影响农民家庭经营净收入,城镇金融发展主要影响农民工资性收入。以下在分析中国农民收入增长的直接影响因素的基础上,试图通过建立模型来分析农村金融发展对农民家庭经营净收入增长的影响渠道和城镇金融发展对农民工资性收入增长的影响渠道。

3.3.1 中国农民收入增长的直接影响因素分析

现阶段农村居民家庭人均净收入分为家庭经营净收入、工资性收入以及转移性和财产性收入,其中家庭经营净收入和工资性收入之和一直稳定地占农村居民家庭人均净收入的95%左右[①]。家庭经营净收入是指农村住户以家庭为生产经营单位进行生产筹划和管理而获得的净收入;工资性收入是指农村住户成员受雇于单位或个人,靠出卖劳动而获得的收入,主要是农民在进

---

① 根据《中国统计年鉴》(1979~2018年)的统计数据计算可知。

入城镇打工所取得的收入。因此，要想增加农民收入，可以从增加农民家庭经营净收入和农民工资性收入这两个方面着手。具体来说，本书认为影响农民收入增长的直接影响因素主要有以下方面。

3.3.1.1 继续加大农村地区物质资本投资

根据西方经济学中成熟的生产函数理论，当投资在一个合理的范围内，即不存在投资过度时①，物质资本的增加会带来产出的增加。由于农村地区的人均物质资本存量远低于城市，根据资本的边际生产率递减规律，可以推出农村地区的物质资本投资的效率有些情况下很有可能高于城市的物质资本投资效率。许多学者的研究指出了农村物质资本投资对于农业发展、农村发展和农民收入增长的重要性。例如，钱彦敏（1991）认为，农业生产性资本的形成是农业发展和增加农民收入的最直接推动力，但农业资本的形成并不是一般意义上讨论的投资主体对投资数量的增减变动；财政支持不力、投资需求不足、二元经济结构以及二元金融结构的存在是农业资本形成的主要障碍。

3.3.1.2 大力发展农村地区人力资本投资

自西奥多·舒尔茨创立人力资本理论以来，国内外对于人力资本与收入关系的研究逐渐增多，同时对于人力资本投资和农民收入关系的研究也逐渐引起了学者们和政府有关部门的关注。正如西奥多·舒尔茨所断言的"改善穷人福利的决定性生产要素不是空间、资源和耕地，决定性要素是人口质量的改善和知识的增进"，这和中国古人所讲的"授人以鱼，不如授之以渔"是一样的道理。

强调人力资本重要性的学者认为，既然人的先天生产能力按照大数定律平均起来是大体一致的，那么国家和地区之间的人口质量和劳动生产技术的较大差别就是后天造成的，后天的生产能力可以通过健康投资、教育投资和培训投资等各种途径获得；而且指出，发展中国家的人力资投资收益率是高的，不仅高于发达国家，而且一般比物质资本投资的收益率还要高。根据库兹涅茨（Kuznets，1961）对资本概念的扩展及舒尔茨（Schultz，1961）、贝克

---

① 考虑到当前中国农村存在大量的剩余劳动力，农村稀缺的是资本而不是劳动力，因此，投资过度的情况可以认为不存在。

尔（Becker，1964）等对人力资本投资概念的定义，可将农户人力资本投资分为农户的教育投资、培训投资、健康投资和迁移投资四种类型。其中，目前我国关于教育投资对农民收入增长的贡献的研究最多。我们认为，农户的受教育状况是农民收入增长的重要直接影响因素，显然，受教育水平的改善提高了农民的人力资本，进而增强了农民在农村地区获取更多家庭经营净收入的能力，同时也增强了农民获取较好打工机会的概率和获取更多工资性收入的能力。

农民整体素质较低是制约收入增长的关键因素。较低的农民整体素质主要表现在两个方面：一是农民的文化科技素质差，难以接受一些实用技术和方法。与城镇劳动力相比，农村剩余劳动力的受教育程度普遍低于城镇常住人口，其就业竞争力也相对低于城镇人口。户籍制度不是农村劳动力向城市实现就业转换的根本障碍，劳动力市场素质门槛也是限制我国农村劳动力进城就业的关键原因。事实表明，较低的农村劳动力素质对于提高我国农业劳动生产率、推进农业产业化以及城镇化建设都是不利因素，已经成为阻碍我国农民收入增长的直接原因，而造成这种局面的根本原因之一则是长期以来我国教育经费支出过低。我国财政性教育经费支出占国内生产总值的比重在2012年达到4%，在此之前很多年这一比重远远低于4%，但是即使这一比重达到4%，由于中国受教育人口数量众多，生均教育经费支出必然远低于很多国家。而如此低的教育投入又主要向城市倾斜，致使城镇学校与农村学校在师资、经费、教学条件等方面表现出很大差异。二是相当部分农民观念陈旧，思想保守，小富即安的思想根深蒂固，不敢冒市场风险，不能积极主动地开辟增加收入的门路。

3.3.1.3　产业结构调整

国家统计局网站数据显示，2018年，我国粮食总产量连续第7年超过1.2万亿斤，其他主要农产品生产也获得了全面发展，但与此同时，高品质、多样化的农产品生产与日益提高的消费需求之间仍然存在一定差距，农产品的转化增值率较低，产业链较短，对农民增收的影响力较弱，同时，当前我国农业生产的资源环境约束问题突出，粮经饲结构不合理，这些都说明，主动调整优化我国农业结构、推动农业的适度规模经营、实现农业农村现代化和提高农业生产率势在必行，这也是我国"乡村振兴"战略的必然要求，也是适应我国农村劳动力转移新趋势的必然要求。

城镇产业结构的调整尤其是能够吸纳大量剩余劳动力的轻工业和第三产业的发展，对于农村剩余劳动力的转移具有至关重要的作用。随着改革开放进程的不断深入，尤其是20世纪90年代以来，中国的经济发展战略越来越考虑符合我国国情的比较优势，在此期间第三产业获得了大力发展，而第三产业的发展有利于实现更多的农村剩余劳动力的转移进而促进农民增收。当然这种城镇产业结构调整是变化着进行的，而不是一直朝着有利于农村剩余劳动力转移的方向进行的。

3.3.1.4　农村剩余劳动力转移问题

农民增收问题实质上需要农村综合发展和农村剩余劳动力就业问题的共同解决。农民的就业结构是影响农民收入增长的另一直接因素，而且发展中国家从事非农业的农村劳动力越多，农民收入的增长越快。由于在发展中国家，农业部门的劳动生产率大大低于工业部门的劳动生产率。以2016年全国平均劳动生产率（劳均GDP）9.6万元来看，第二产业的劳动生产率相当于平均水平的2.73倍，第三产业的劳动生产率相当于1.19倍，而第一产业农业的劳动生产率仅为平均水平的30.9%。因此，把一部分劳动生产率很低的农业劳动力甚至是完全剩余的农村劳动力转移到劳动生产率较高的工业部门去，整个社会的生产力就会增加，从而农民获得的非农收入也会增加，从而有助于农民整体收入水平的提高，同时由于增加了获取收入的渠道，对于农民来说也起到了分散风险的作用。

美国经济学家库兹涅茨通过分析不同国家的数据发现，世界各国在经济发展过程中，生产要素普遍从生产率较低的部门或者地区向生产率较高的部门或地区转移，并把这一不断提高劳动生产率促进经济增长的过程称为"库兹涅茨过程"。改革开放之初，我国城镇居民占全国人口的比重只有17.9%，伴随着40多年的经济发展，国家统计局发布的《2018年国民经济和社会发展统计公报》和《2017年国民经济和社会发展统计公报》显示，截至2018年末，我国常住人口城镇化率为59.58%，户籍人口城镇化率为43.37%，在常住人口城镇化率与户籍人口城镇化率之间形成一个16.21%的缺口，而2017年末，在常住人口城镇化率与户籍人口城镇化率之间的缺口为16.17%，前者为58.52%，后者为42.35%，这说明我国常住人口城镇化水平与户籍人口城镇化水平之间的差距有轻微扩大。单纯从衡量城镇化水平的这两个指标来看，城镇化水平是不断提高的，但是具体到影响城镇化程度的因素来看，农民工增长对城镇化程度的贡献力度在下降。值得关注的是，自 2014 年以来，农村劳动力转移人数的增长率开始减速，伴随着农民工的返乡可能，将来甚至可能出现农村劳动力进城人数小于返乡人数的"逆向流动"的情况。

上述因素都会对农民收入产生直接的影响，然而所有这些因素都会直接或间接依赖于农村金融发展和城镇金融发展的支持。正如莫顿和博迪（Merton & Bodie, 1995）所认为的，金融功能相对来说更稳定，因此，从功能角度衡量金融发展可以更清楚地认识到金融在农村经济发展和农民收入增长中的地位，揭示金融发展的意义和本质。他们认为，在一个不确定的环境下，金融系统可以便利资源在不同空间的配置。莱文（Levine, 1997）则把金融系统的这个主要功能分解为五个基本功能，即便利风险的交易、规避、分散和聚集，配置资源，监督管理者、促进公司治理，动员储蓄以及便利商品和服务的交换，并且认为通过资本积累和技术进步两个渠道，金融系统的上述功能能够促进经济增长。有鉴于此，我们也有理由相信，金融发展与农民收入之间应该存在着相应的影响（或传导）机制。通过对这种影响机制的探索和研究，我们能够更深刻地认识中国金融发展与农民收入之间的关系（王虎、范从来，2006）。农民收入的各个决定因素都是金融发展影响农民收入的显著的途径，但是金融发展对这些因素的影响作用是复杂的。然而已有的文献没有对金融发展对农民收入增长的影响机制展开详细研究，尤其是没有对城镇金融发展对农民收入增长的重要性给予足够多的关注和研究。本书就是通过分别研究农村金融发展和城镇金融发展对农民收入的影响渠道，来揭示金融发展影响农民收入增长的内在机制到底是怎样的，从而为金融发展促进农民增收方面提供更多的理论思考和路径选择。

3.3.2　农村金融发展对农民家庭经营净收入增长的影响渠道分析

3.3.2.1　基本假设

（1）假设经济决策是由家庭决定的，即以农户作为决策主体，同时假设所有农户（当事人）均具有相同的偏好，并且只生活两期，在第一期，初始财富为 W，为了简化起见，所有当事人的消费水平为维持最低生活水平的消费 C_0，同时，存在一个投资门槛，即在最低投资额为 I_0 的前提下，当事人需要决定是否进行投资（该项投资可以是物质资本投资，也可以是人力资本投资）；在第二期，当事人获得收入 Y。

（2）假定产品市场和劳动力市场都是完全竞争的，从而在这两个市场上的预期也是完全理性的；但是由于信息不对称等造成的交易成本的存在，当事人进行融资活动的场所——金融市场却是不完善的。同时，由于交易费用的存在，贷款方为了获得由于"逆向选择"和"道德风险"所造成的风险溢价以及弥补其审查、监督等成本，其所要求的贷款利率 i 必然大于存款利率（相当于无风险收益率）r，即 $i > r$。

（3）假设当事人以 I_0 进行投资时会出现两种情况：即或者以概率 q 获得 r_1 的收益率；或者以概率（1－q）获得 r_0 的收益率，因此，可以获得的期望收益率为 $\bar{r} = r_1 q + r_0 (1-q)$，显然，投资可以获得的期望收益率 $\bar{r}$ 大于无风险收益率也就是存款利率 r，即 $\bar{r} > r$。因此，当事人在第一期决定以 I_0 进行投资时，在第二期可以获得的期望收入为 $I_0(1+\bar{r})$。

（4）假设当事人是独立的经营个体，不存在当事人可以获得打工收入的情形。

3.3.2.2 模型分析

在第一期初始财富为 W 的当事人，他有两种可能选择：进行投资然后在第二期获得期望收益率 $\bar{r}$ 或者不投资然后在第二期只是获得无风险收益率 r，再考虑到当事人的初始财富 W 和信贷决策，则他的收入状况共有三种可能。

第一，他决定不进行投资，从而在第二期只获得无风险收益率 r，扣除第一期的最低消费 C_0，他在第二期获得的收入为：

$$Y_1 = (W - C_0)(1 + r)$$

第二，如果他的初始财富 W 大于最低消费额 C_0 与最低投资额 I_0 之和，即 $W > C_0 + I_0$，并且他决定以 I_0 进行投资，则他在第二期获得的收入为：

$$Y_2 = (W - C_0 - I_0)(1 + r) + I_0(1 + \bar{r})$$

第三，如果他的初始财富 W 小于最低消费额 C_0 与最低投资额 I_0 之和，即 $W < C_0 + I_0$，但是他仍然决定以 I_0 进行投资，那么他只能在金融市场上以贷款利率 i 进行融资，则他在第二期获得的收入为：

$$Y_3 = -(C_0 + I_0 - W)(1 + i) + I_0(1 + \bar{r})$$

由于投资可以获得的期望收益率 $\bar{r}$ 大于无风险收益率也就是存款利率 r，

即 $\bar{r} > r$，因此，当 $W > C_0 + I_0$ 时，$Y_2 > Y_1$，显然此时当事人愿意在第一期进行投资。

当 $W < C_0 + I_0$ 时，当事人如果愿意在金融市场上通过借款进行投资活动，则必须满足：$Y_3 > Y_1$，即 $W > W^* = C_0 + \dfrac{I_0(i - \bar{r})}{(i - r)}$，由此可见，初始财富 $W \leq W^*$ 的当事人将不愿意进行投资，投资仅局限在拥有较多的初始财富的个人身上。同时，由 $W^* = C_0 + \dfrac{I_0(i - \bar{r})}{(i - r)}$ 可知，当事人在初始财富既定的前提下，他是否投资取决于 C_0、I_0、i、r 和 $\bar{r}$ 的共同影响，具体来说，i 越小，r 和 $\bar{r}$ 越大，则 W^* 越小，即当事人在既定的初始财富条件下越容易做出投资决策。

由此可见，初始财富的多少对后期收入的影响重大，在当事人的初始财富为 W 的情况下，他在第二期可获得的收入状况可以分为以下三种情况：

$$Y = \begin{cases} (W - C_0)(1 + r) & \Leftarrow W < W^* \\ -(C_0 + I_0 - W)(1 + i) + I_0(1 + \bar{r}) & \Leftarrow W^* < W < C_0 + I_0 \\ (W - C_0 - I_0)(1 + r) + I_0(1 + \bar{r}) & \Leftarrow C_0 + I_0 < W \end{cases}$$

上述理论模型对农村地区的投资活动较少进而农民家庭经营净收入增长较缓慢的现象给出了理论上的解释，分析了农村金融发展对农民家庭经营净收入增长的影响机制。

(1) 农民初始财富较少限制了物质资本投资和人力资本投资。

信息不对称等因素导致的交易成本的存在使金融市场是不完善的，使投资活动只能局限在拥有较多初始财富的当事人身上，使初始财富较少的人不会选择进行投资，进而限制了初始财富较少的当事人的收入的增加。与此同时，在工业化和城市化的过程中，广大农民的财富水平较低是普遍存在的现象。而我国作为一个经济发展和金融发展的地区性差异较大的发展中国家，在经济较落后的中西部地区，农民的初始财富较少，因此，难以进行投资活动；而在经济较发达的东部地区，农民的初始财富相对较多，因此，更容易做出投资决策，进行物质资本或者人力资本投资。

(2) 农村金融发展对农村地区物质资本投资的影响。

在农村金融发展和农村物质资本投资关系方面，学者们进行了深入的研究。阿瑟·刘易斯（Arthur Lewis，1990）认为，农民需要的资本远远超过他们的自有剩余资金，信贷对于小农业和农村小工业的发展是必不可少的。迈克尔·托达罗（Michael Todaro，1999）认为，发展中国家的政府应该通过加大资金投入发展农村经济，增加农民收入，从而提高农民的生活水平。克斯特（Koester，2000）的研究表明，经济转型国家由于缺乏有效的农村金融市场体系，国家的财政、金融部门对农村资金的配置效率是低下的。詹森（Jensen，2001）的实证分析表明，发展中国家政府主导的农业信贷体系在促进农业投资方面缺乏效率，而发达国家的市场化融资方式和国家必要的干预措施明显是更有效的。汤森德（Townsend，2001）认为，在农业单位缺乏必要的风险管理的情况下，农村金融部门对农业的信贷支持将下降，政府推动的农业信贷会增大农村金融风险，而且效率也是低下的。与此同时，国内的学者也进行了深入的研究。钱彦敏（1991）认为，农业生产性资本的形成是农业发展的最直接的推动力，但农业资本的形成并不是一般意义上讨论的投资主体对投资数量的增减变动；财政支持不力、投资需求不足、二元经济结构以及二元金融结构的存在是农业资本形成的主要障碍。李建民（2000）、姜作培（2001）等较为深入地分析了农业、农村投融资活动与农村经济结构调整之间的关系，并指出，高效合理的、以市场为导向的农村投融资结构是农业产业化经营的前提和关键。张杰（2003）认为，在低收入的发展中国家，政府常常被赋予扶持农业信贷的重要责任，但政府为农民所提供的越来越低利息的信贷对于刺激农业经济发展的效果却微乎其微；同农业研究和推广投资或其他社会资本投资的收益比较，用于农业信贷的资源极少产生令人满意的结果。由此可见，发展中国家政府主导的农村正规金融在促进农业和农村地区的物质资本投资增加方面仍然缺乏效率。

上述模型假设当事人一定可以在金融市场上以贷款利率 i 获得他所需要的借款，然后，在现实的农村金融市场上，由于金融资源配置的城市化倾向和农村金融资源的外流无疑会导致农村地区面临着严重的信贷约束，致使农村正规金融市场不发达，而且农村非正规金融市场又受到抑制，同时，"信贷配给"现象普遍存在，而且广大的农户和农村中小企业更是成了"信贷配给"的首选对象；即使是在为了缓解"信贷配给"而纷纷建立的信用担保市场上，"信用担保配给"也依然存在。因此，即使农民的初始财富水平满足了上述模型中的条件，农民愿意做出投资决策，但是，仍然面临着在金融市场上"融资难"的问题，无法筹措到投资所需的资金，农村地区的物质资本投资活动自然也就受到抑制,从而会影响农民家庭经营净收入的增加,由此可见,通过各种途径增加农民的财富水平和农民的信贷可得性,是增加农民家庭经营净收入的关键之所在。

(3) 农村金融发展对农村地区人力资本投资的影响。

国内外对于人力资本与收入关系的研究逐渐增多,根据库兹涅茨(Kuznets, 1961) 对资本概念的扩展及舒尔茨(Schultz, 1961)、贝克尔(Becker, 1964) 等对人力资本投资概念的定义①,可将农户人力资本投资分为农户的教育投资、培训投资、健康投资和迁移投资四种类型。目前,我国关于教育投资对农民收入增长的贡献的研究较多,主要有周逸先、崔玉平(2001) 通过问卷调查进行的实证分析,发现农村劳动力的文化程度与农户家庭收入有显著正相关关系,并且认为影响农民家庭收入的主要因素已不是耕地和劳动力数量,而是劳动力的文化素质,发现教育水平是提高劳动生产率从而促进工资增长的一个重要因素。周晓(2003) 利用 1989~1995 年 29 个省份的农村宏观数据以及"明瑟收入模型"② 进行实证研究,最终得出了教育对农民收入有明显的促进作用。蔡昉(2004) 的分析表明,受教育水平高的劳动力工资水平也高,受教育水平低的人往往只能在劳动力市场上获得较低的劳动报酬。孙敬水(2006) 基于国内 30 个省份的农村统计数据,利用面板数据模型进行分析,同样认为教育是农业经济增长的重要源泉,对农业经济发展有显著的正向效应。在培训投资方面,对培训与农民收入关系的研究较少,主要有:王奋宇、赵延东(2003) 的研究结果显示,在近 5 年内接受过培训的农民工比未接受过培训的农民工的收入明显偏高,培训对农民收入的重要性可能不亚于正规教育;侯风云(2004) 运用国内 15 个省份的农民调查样本,估计了不同形式人力资本的收益率,发现培训对于非农收入的影响是显著的,参加培训比不参加培训可增加 27.89% 的收入。专业技能培训具有显著提高劳动力工资水平的作用,受过专业技能培训的劳动力比未接受过培训的劳动力的工资水平高出 10% (刘建进,2004)。健康一向被认

---

① 库兹涅茨(Kuznets, 1961) 认为,资本及资本构成的概念应当扩展到包括对健康、教育和人员自身培训的投资,即对人力资源的投资;舒尔茨(Schultz, 1961) 认为,人力资本投资包括医疗和保健、在职人员培训、正规学校教育、不是由企业组织的学习项目和迁移五类;贝克尔(Becker, 1964) 认为,人力资本投资应包括正规学校教育、在职培训、医疗保健、迁移及收集价格和收入的信息等多种形式。

② 明瑟(Mincer, 1974) 运用收入函数对工人教育投资收益率、职业培训收益率等进行求解和估计,全面系统地考察了人力资本投资与收入分配间的内在联系。

为是公共卫生管理学与社会学的范畴，健康对农民收入增长的作用一直以来没有引起经济学界的足够重视，相应的研究成果也较少。樊桦（2001）从健康投资的视角对1990年以来我国农村人力资本投资问题进行了分析，发现健康投资不足削弱了农村居民人力资本质量从而增进自身福利的能力，致使农村地区因病致贫、因病返贫的现象凸现。张车伟（2003）运用来自中国贫困农村的数据，系统地研究了营养、健康对收入的影响，结果表明，营养和疾病对农民收入的影响显著，农村家庭劳动力因病无法工作时间每增加一个月，种植业收入将减少2300元。魏众（2004）运用1993年中国营养调查数据，利用因子分析法提取健康指标，运用Heckman模型进行分析后发现，健康对农村劳动参与及非农就业机会有显著的影响，并由此对农民的家庭收入产生显著影响。在迁移投资方面，以蔡昉和都阳（2003）的研究为代表，他们认为，迁移投资可为农村带来双重改善：一方面缩小了城乡收入差距；另一方面缓解了农村贫困，改善了农村收入分配状况。综上所述，农户人力资本投资对于增加农民的农业收入和非农业收入都具有显著的正向作用。

农村地区人力资本投资的增加离不开农村金融的支持，有了金融的有效支持，农村人力资本投资尤其是农村教育就有可能更快地得以发展和提升。显然，根据本书的模型分析可知，农村金融市场的不发达使农村地区的人力资本投资活动受到抑制，不仅会制约农民在农村内部获得的家庭经营净收入的增加，而且会减少其在城市部门找到工作的概率和在城市部门获得的工资性收入。显然，拥有较高人力资本的农村劳动力更容易在城市部门找到工作，文化程度高的人在获取和甄别就业信息方面也更具有优势。

综上所述，尽管农村金融发展主要会通过影响农村地区的物质资本投资和人力资本投资而影响农民家庭经营净收入的增长，这与莱文（Levine，1997）所强调的金融发展对经济增长的传导途径是一致的；但是，农村金融发展也会通过影响农村地区的人力资本投资而影响农民在城市部门的工资性收入的增长。

3.3.3 城镇金融发展对农民工资性收入增长的影响渠道分析

经济学对劳动力流动的解释是收入的均等化定理。无论是古典迁移理论还是新古典迁移理论，都强调城乡收入差距是劳动力迁移的唯一动力，即使人力资本理论也只是弥补了它们的不足,而没有改变根本假设。经典人口流动模型的思想就是将人口迁移过程看作人们对城乡收入差距做出的反应(Todaro,1969),城乡收入差异的预期是农村剩余劳动力向城市迁移的引致因素,同时不确定性也会对农村剩余劳动力的迁移决策带来影响。不确定性主要源于农村剩余劳动力对进入城市以后能否找到工作的担心,当不确定性太大时,即使城市部门的实际收入大于农业部门的收入,劳动力也会选择继续留在农村而不是向城市部门迁移。但是,1980 年以后,伴随着世界人口迁移格局的巨大变化,一些新的理论诞生了,尤其是新经济劳动力迁移理论(new economics of labor migration,NELM)对发展中国家的劳动力迁移现象给出了更加合理的解释(Stark Oded,Levhari David,1982;Katz Eliakim,Stark Oded,1986;Stark Oded,Taylor J. Edward,1991)。与传统劳动力迁移理论认为个人做出劳动力迁移决策不同,新经济劳动力迁移理论认为,在发展中国家劳动力外出打工的决策是由家庭集体决定的,并且强调"风险转移"和"金融约束",即发展中国家的农村,许多家庭收入是不稳定的,需要实现收入来源的多元化;同时,也常常会面临着资金约束和金融制度供给的短缺,广大农户由于初始财富水平低,并且难以获得足够的信贷支持,从而无法对具有较高收益率的项目进行投资,因而为了规避风险和突破这些制约因素,农民不得不依靠自己,他们有非常强的内在动力安排部分家庭成员外出挣钱,外出劳动者有义务将其收入寄回或带回,以补充家庭的需要,因此,通过外出挣得的收入不仅增加了农民收入,而且改善了农村融资困境,增加了在农村进行投资的可能性,也规避了自然和市场风险,从而有利于实现农村资源配置的帕累托优化。

根据对中国农民收入结构变化特征的分析可知,随着经济的发展,劳动力流动的障碍逐渐消除,有些地区的农民越来越依赖于从非农产业获得收入,因此,在有些地区,农民来自农村以外的收入(主要指农村劳动力的进城打工收入)成为农民收入的重要组成部分。根据新经济劳动力迁移理论,我们认为,这主要是由于初始财富水平低和难以获得贷款,农民难以仅仅依靠农业收入来满足其包括人力资本投资在内的各种投资活动,因而他们不得不考虑通过非农业渠道来获得非农业收入,目前非农业收入主要来自农村劳动力向非农业领域的转移,例如在当地的乡镇企业就业或者进入城市寻找就业机会。以下在分析了农村金融发展对农民家庭经营净收入的影响机制的基础上,分析城镇金融发展对农民工资性收入的影响机制。

3.3.3.1 基本假设

（1）上述模型中的假设（1）至假设（3）在本模型中仍然适用。

（2）假设家庭中只有 1 名成员外出打工时，或者以概率 p 获得第一期工资收入为 S 的工作；或者以概率（1-p）找不到工作，同时假设家庭成员在外出打工时不考虑迁移费用和机会成本（由于农村剩余劳动力的大量存在，因此，我们认为家庭成员在外出打工时的机会成本很低，即如果留在农村可以获得的最高收入很低），则他在城市找不到工作时的第一期收入为 $-C$（C 为他在第一期所需的最低生活消费额），因此，他在第一期可以获得的期望收入为 $\overline{S} = Sp - C(1-p)$。

（3）尽管家庭的一名成员外出打工时，将会减少整个家庭在第一期为维持最低生活水平的消费 C_0，但为了简化起见，我们忽略不计。

3.3.3.2 模型分析

显然，结合上述模型已经得出的结论，我们容易得出：

第一，当农户（即当事人）的初始财富 $W < W^* = C_0 + \dfrac{I_0(i-\overline{r})}{(i-r)}$ 时，农户不愿意进行投资，此时农户只能获得很低的无风险投资收益率，并且如果该庭成员选择留在家里即不打工，获得的收入很少，假设为零。则此时只要打工可获得的期望收入大于留在家里可获得的收入，即 $\overline{S} = Sp - C(1-p) > 0$，家庭就会决定选派容易找到工作的、人力资本较高的成员外出，获得打工收入。

从这个意义上说，城镇金融的发展可以通过影响产业结构的变化、农村劳动力的转移等因素来影响农民的非农业收入，从而证明了农民收入不仅受农村金融发展的影响，也会受到城镇金融发展的影响。

第二，当农户的初始财富 $C_0 + \dfrac{I_0(i-\overline{r})}{(i-r)} = W^* < W < C_0 + I_0$ 时，农户愿意进行投资，但是需要在金融市场上以贷款利率 i 筹措投资活动所需要的资金，然而，根据前面的分析，我们已经知道农户在金融市场上面临着严重的融资困境，因而往往难以获得资金支持，投资活动也就难以展开，即在这种情况下，农户有投资的意愿，却难以形成投资的行动，往往只有少数农户能够筹措到所

需资金并投入具体投资项目中去。因此，$C_0 + \frac{I_0(i-\bar{r})}{(i-r)} = W^* < W < C_0 + I_0$ 时，仍有大量农户由于无法获得信贷支持而在则此时只要打工可获得的期望收入大于留在家里可获得的收入的情况下，即 $\bar{S} = Sp - C(1-p) > 0$，决定选派合适的家庭成员外出打工。

第三，当农户的初始财富 $W > C_0 + I_0$ 时，农户愿意进行投资，并且如果只是以 I_0 的金额进行投资的话，农户无须进行融资活动；当然，如果农户想增加投资额度，可能需要在金融市场上进行融资活动，但是，此时由于农户的初始财富水平较高，在金融市场上筹措资金也会相对容易一些。因此，此时农户一般会倾向于将其家庭成员留在家中，经营管理其所投资的项目，从而获得较高的投资收益；但是也不排除外出打工的期望收入高于投资项目的收益或者为了实现家庭收入来源的多元化，家庭仍然决定选派合适的成员外出打工的可能性。总之，当 $W > C_0 + I_0$ 时，农户仍有可能选派家庭成员外出打工，只是可能性减小，并且外出打工的人数也会较少。

上述理论模型对城镇金融发展影响农民工资性收入增长的渠道和机制进行了理论解释，具体来说，城镇金融发展主要是通过影响农村剩余劳动力的转移和城市经济结构的变化来影响农民工资性收入增长的。

(1) 城镇金融发展对城镇第二、第三产业发展的影响。

从根本上说，金融发展对产业结构调整的作用体现在对产业部门的资本配置效应，金融部门对产业结构的影响即是通过在不同产业部门间资本的动态配置来实现的。具体来说，在自由市场经济体制下，金融发展推动产业结构调整的逻辑过程体现为：动员储蓄，调节经济体系内部各实体部门的资金余缺。金融部门把资金配置到投资收益率高、市场竞争力强的产业部门，体现金融发展的资金导向作用。金融的投资增量效应能够促进产业部门的扩张，金融发展能够提高投资收益率，缩短资本回收期，促进投资增加，从而深化各产业部门的资本含量，在规模效益一定的情况下，深化的资本能够带来更大数量的产品生产，同时也意味着劳动等其他实体经济要素的相应增加，促进劳动就业。此外，金融发展对产业组织的演化和产业整合具有重要作用，它影响着企业的治理结构和控制方式，而且金融的资本导向效应也能够带动产业水平提升，市场化的金融部门对产业竞争力的敏感性极强，能够对产业发展中的投资效益率、回收期、风险等因素予以较好地识别，确定其中的最优组合，引导产业部门向适应市场的方向发展，增强产业的技术水平及市场竞争力。应该说，金融发展导致的产业扩张效应在工业化初期或产业成长的早期尤为明显,而对产业结构升级的影响,则主要是通过对产业水平的提升来实现的(曾国平等,2007)。最后,现代金融部门还可以通过多种形式促进其与产业部门的合作,例如,以风险投资基金为代表的风险投资机构,就能较好地适应高新技术产业高投入、高风险和高收益的特点,从而显著推动一个国家或地区产业结构的升级调整和高新技术产业的发展,而且金融部门还可以通过参与提供养老保险、医疗保险和失业保险等业务,解决产业结构调整过程中可能出现的各种社会保障问题,从而促进产业结构的稳步推进(见图3-5)。

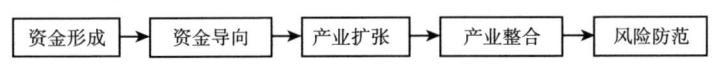

资金形成 → 资金导向 → 产业扩张 → 产业整合 → 风险防范

图3-5 金融发展推动产业结构调整的内在机制示意

资料来源:笔者根据参考文献①整理绘制。

如上所述,在自由市场经济体制下,一国的金融结构应该主要内生于本国的要素禀赋和产业技术结构(林毅夫、章奇等,2003)。然而,在前面分析影响中国农民收入的金融制度和金融结构过程中,可知长期以来中国的金融发展过程带有明显的政府干预色彩,即中国金融发展的政策性显著,从而导致长期以来对适合中国比较优势的产业结构的合理发展并没有体现出明显的促进作用。在城镇内部,金融资源的配置有着非常显著的国有企业和大企业倾向,而广大的民营企业和中小企业往往难以获得信贷支持;由于国有企业和大企业资本密集度一般都要高于中小企业,因此,国有企业和大企业的单位资本投资所能创造的就业岗位远低于民营企业和中小企业单位资本投资所创造的就业岗位。因此,对国有企业和大企业的信贷偏向所导致的直接后果就是城市部门新增工作岗位的创造不足,这将会影响农村剩余劳动力向城市部门的转移进而影响农民工资性收入的增长。

随着改革开放进程的不断深入,这种内生于优先发展重工业的经济发展战略的金融发展路径,已经开始向内生于要素禀赋结构和产业技术结构的良好发展路径转变。20世纪90年代以来,随着经济发展战略逐渐转向发展代表中国比较优势的轻工业和服务业等行业,中国产业结构调整经历了前所未有的突破,与此同时,金融中介机构数量快速增长,金融市场日益完善。

---

① 伍海华,张旭.经济增长·产业结构·金融发展[J].经济理论与经济管理,2001(5):12-13.

2006年12月，中国兑现银行业"入世"承诺，取消对外资金融机构开展人民币业务的地域限制，允许其向所有中国客户提供服务，允许外国金融机构办理异地业务。随着中国金融业对外开放度的不断提高，金融服务业的快速成长将成为必然趋势，同时金融发展对于第三产业的促进作用也将由此增强，从而对促进就业增长的贡献也将更加明显。

尽管城镇金融资源的配置是不利于民营经济的，但是伴随着城镇金融规模的不断扩大，只要更多贷款中的一小部分投向广大的民营企业和中小企业，都将产生巨大的效益，并且创造更多的就业岗位。因此，从城镇金融发展规模上说，城镇金融发展有利于国有经济的，进而不利于农村剩余劳动力的转移和农民工资性收入的增长；但是城镇金融发展效率上说，城镇金融效率的提高是有利于农村剩余劳动力转移和农民工资性收入的增长。

（2）农村金融发展和城镇金融发展对农村剩余劳动力转移的影响。

农村金融发展和城镇金融发展对农村剩余劳动力转移的影响是通过农村金融发展对农户人力资本投资的影响、城镇金融发展对城镇产业结构变化的影响和金融资源城乡配置差异所导致的城乡劳动生产率差异而实现的。具体来说，一方面，农村金融市场的不发达使农户的人力资本投资活动受到抑制，从而会减少农村劳动力在城市部门找到工作的概率和在城市部门获得的工资性收入；另一方面，金融发展对于产业结构调整的促进作用尤其是对于能够吸纳大量人力资本水平较低的农村劳动力的第三产业和轻工业发展的促进作用，将能够使得在城镇地区产生更多的工资机会，从而大大加快农村剩余劳动力的转移。另外，金融资源配置的城市化、工业化倾向和农村金融剩余的外流有利于城市部门的资本积累，同时不利于农村资本的积累，因此，城市部门的高资本积累水平意味着城市部门具有较高的边际劳动生产率，而农村地区较低的资本积累水平意味着农村地区的边际劳动生产率较低，显然，城市较高的边际劳动生产率和农村较低的边际劳动生产率会导致城市和农村收入差距的扩大，城乡收入差距较大意味着农村剩余劳动力越倾向于外出打工。总体来说，在经济较发达的城镇地区，可以为周围农村地区的居民提供更多的工作机会，其外出打工的收入也会相对较高，农民更容易在城镇金融较发达的地区找到工作。

综上所述，本节得出以下结论：在农户的初始财富水平较低和农村面临"双重信贷配给"的情况下，农村金融发展通过影响农村地区的物质资本投资和农户人力资本投资而制约了农民家庭经营净收入的增长。城镇金融发展通过影响城镇产业结构变化和农村剩余劳动力转移而影响农民工资性收入的增长。城镇金融发展的规模和效率影响了城镇可为外出打工农民提供的工作机会的多少以及农民工资性收入的高低。同时，农村金融发展也通过影响农户人力资本投资而影响农村剩余劳动力的转移，最终会影响农民工资性收入的增长。在农民家庭经营净收入增长空间狭小的情况下，农民可以在金融和非国有经济较发达的城镇地区找到收入较高的工作，以促进农民工资性收入的增长。

金融发展是通过四条渠道来最终影响农民收入增长的，即通过影响农村物质资本投资、农户人力资本投资、产业结构变化和农村剩余劳动力转移共同影响农民整体收入的增长，如图3-6所示。

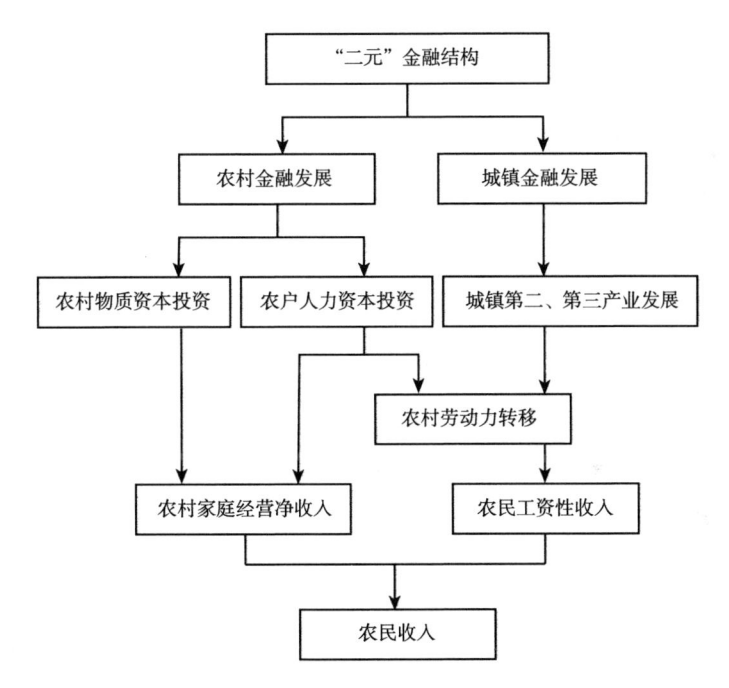

图3-6 金融发展影响农民收入增长的内在机制示意

3.4 本章小结

本章对中国金融发展影响农民收入增长进行了理论解释。在"贷款难、担保难"的农村融资困境现象之下，"二元"金融发展制度及相对应的金融发展结构是更深层次的原因，在此基础上，分析了农村金融发展对农民家庭经营净收入增长的影响机制和城镇金融发展对农民工资性收入增长的影响机制。本章认为，农村金融发展通过影响农村地区的物质资本投资和人力资本投资而影响农民家庭经营净收入的增长，城镇金融发展通过影响农村剩余劳动力转移和城市经济结构变化而影响农民工资性收入的增长，从而农村金融发展和城镇金融发展通过四条渠道来最终影响农民收入增长，即通过影响农村物质资本投资、人力资本投资、农村剩余劳动力转移和经济结构变化共同影响了农民整体收入的增长，因此，必须制定相关政策和措施保证每一条影响渠道的畅通，才能充分发挥金融发展对农民收入增长的影响效应。

第4章 中国农民收入的变迁过程分析

4.1 中国农民收入的变迁过程及现状分析

4.1.1 中国整体农民收入水平的变迁过程分析

农民收入是反映一个国家或地区农村经济综合发展程度的指标之一,是衡量一个国家或地区现代化程度的重要指标之一,也是影响广大农村地区消费水平进而影响经济增长的重要因素,因此,全方位梳理和理解我国农民收入的变迁过程是进行下一步实证分析的必要前提。

4.1.1.1 农民收入绝对值增加而增长速度波动较大

改革开放以来,我国农民收入大幅度增长,生活水平不断提高。根据相关年份的《中国统计年鉴》可知,名义的农民人均净收入由1978年的133.57元增长到2018年的14617元,增长了100多倍,但是改革开放至今,我国农民收入的增长速度并非一成不变的,而是呈现出波动式的变化。具体来说,我国农民收入增长大致可以分为以下五个阶段:1978~1984年为高速增长期,年均增长速度高达16.5%;1985~1990年年均增长速度是11.61%;1991~1995年年均增长速度为18.11%;1996年国家采取农产品价格提高和发展乡镇企业等措施,农民收入出现了增长高峰,达到1926.07元,比1995年增长22.08%;而从1997~2006年年均增长速度为6.84%,远低于我国GDP增长速度;2007~2018年年均增长速高达12.05%。由此可见,改革开放以来,我国农民收入一直保持上升态势,但是农民收入的增长幅度波动较大。

4.1.1.2 城乡收入差距扩大

中国是一个具有典型"二元结构"特征的发展中农业大国，存在明显的城乡差别。改革开放以来，经济高速增长的同时，我国居民收入分配差距却在不同层面上（全国、城镇、农村以及城乡间）都显著地扩大，而其中城乡收入差距[①]是中国收入分配不平等的主要根源[②]。从趋势上看，20世纪90年代以后尤其是1997年以来，中国的城乡收入差距日益扩大[③]，如果把城镇居民的医疗补贴、教育补贴、失业保险等因素考虑在内，城乡收入差距将会更大。表4-1显示的是1978~2017年中国城乡居民收入的比较情况。从表4-1中可以看到，城乡居民收入之间不仅绝对差距和相对差距都较大，而且这种差距伴随经济的发展还在持续扩大，尤其是20世纪90年代中后期以后，这种趋势表现得更为明显。如果以农村居民家庭人均净收入为1，则城乡居民收入之比是：1978年为2.57∶1，1982年为1.82∶1，1983年为1.70∶1，1994年为2.86∶1，1999年又回到改革初期的水平，为2.65∶1，2007年为3.33∶1，2008年继续扩大为3.36∶1，近些年虽然城乡居民人均收入比有所下降，2017年城乡居民人均收入比为2.71∶1，仍然高于改革开放初期的水平。世界上多数国家的城乡收入比率为1.5左右，超过2的较为罕见，但我国在某些年份竟然超过3。同时，城乡居民人均收入的绝对差距逐年增加，2008年城乡居民人均收入的绝对差距首次超过10000元，2017年则高达22964.2元[④]。

---

① 城乡收入差距以城市居民家庭的人均可支配收入与农村居民的人均净收入之比来衡量。
② 图西（Tsui，1993）利用县一级数据，把地区差距分解为省内差异、省际差异、农村内部差异、城市内部差异和城乡差距，并得出城乡差距对地区间产值差异的影响十分显著的结论。世界银行（1997）对1995年中国收入分配差距的研究表明，中国整体的收入差距至少有一半可以用城乡收入差距来解释。林毅夫等（1998）采用Theil Entropy分解法考察了农村内部、城镇内部和城乡之间的人均收入差距，对总体地区收入差距变化所起的作用，认为城乡间差距对总体差距影响最大。中国社会科学院经济研究所（1998、1999）根据泰尔指数所进行的居民收入差距分解结果，得出1988年全国收入差距的40%左右来自城乡间的收入差距，到1995年城乡收入差距仍然占全国收入差距的1/3左右。而到2002年，城乡收入差距大概可以解释全国收入差距的40%，又回到了20世纪80年代末的水平。
③ 中国的城乡收入差距总体上在1984年降到了最低点，这主要是得益于1978年开始的农村改革。之后，城乡收入差距继续扩大，直到1995年政府提高了农产品的收购价格，城乡收入差距才有所缩小。但1997年以后，随着农产品收购价格的下降，城乡收入差距又进一步扩大。
④ 根据各年《中国统计年鉴》计算整理得出。

表 4-1　　　　　1978~2017 年我国城乡居民收入发展状况

年份	城镇居民人均可支配收入（元）	农民人均净收入（元）	城乡收入绝对差距（元）	城乡收入比
1978	343.40	133.60	209.80	2.57
1979	405.00	160.20	244.80	2.53
1980	477.60	191.30	286.30	2.50
1981	500.40	223.40	277.00	2.24
1982	535.30	270.10	265.20	1.98
1983	564.60	309.80	254.80	1.82
1984	652.10	355.30	296.80	1.84
1985	739.10	397.60	341.50	1.86
1986	900.90	423.80	477.10	2.13
1987	1002.10	462.60	539.50	2.17
1988	1180.20	544.90	635.30	2.17
1989	1373.90	601.50	772.40	2.28
1990	1510.20	686.30	823.90	2.20
1991	1700.60	708.60	992.00	2.40
1992	2026.60	784.00	1242.60	2.58
1993	2577.40	921.60	1655.80	2.80
1994	3496.20	1221.00	2275.20	2.86
1995	4283.00	1577.70	2705.30	2.71
1996	4838.90	1926.10	2912.80	2.51
1997	5160.30	2090.10	3070.20	2.47
1998	5425.10	2162.00	3263.10	2.51
1999	5854.00	2210.30	3643.70	2.65
2000	6280.00	2253.40	4026.60	2.79
2001	6859.60	2366.40	4493.20	2.90
2002	7702.80	2475.60	5227.20	3.11
2003	8472.20	2622.20	5850.00	3.23
2004	9421.60	2936.40	6485.20	3.21
2005	10493.00	3255.00	7238.00	3.22
2006	11759.00	3587.00	8172.00	3.28
2007	13785.81	4140.36	9645.45	3.33

续表

年份	城镇居民人均可支配收入（元）	农民人均净收入（元）	城乡收入绝对差距（元）	城乡收入比
2008	15549.40	4998.80	10550.60	3.11
2009	16900.50	5435.10	11465.40	3.11
2010	18779.10	6272.40	12506.70	2.99
2011	21426.90	7393.90	14033.00	2.90
2012	24126.70	8389.30	15737.40	2.88
2013	26467.00	9430.00	17037.00	2.81
2014	28843.90	10489.00	18354.90	2.75
2015	31194.80	11422.00	19772.80	2.73
2016	33616.20	12363.00	21253.20	2.72
2017	36396.20	13432.00	22964.20	2.71

4.1.1.3　不同经营类型农户收入差距扩大

按照农业收入和非农业收入占农民人均净收入份额的不同，可以将农户分为纯农户、农业兼业户、非农业兼业户和非农业户。根据国家统计局农户抽样调查的资料，2000年纯农户、农业兼业户、非农业兼业户和非农业户的人均净收入分别为1933元、1980元、2805元和5135元，这四类农户占农户总数的比例分别为19.2%、48.1%、29.4%和3.3%。其中，纯农户和农业兼业户的收入分别比全国平均水平低14.2%和12.1%，分别比收入最高的非农业户低62.4%和61.4%。

4.1.2　中国各地区农民收入水平的变迁过程分析

4.1.2.1　中国各地区农民收入增长的不均衡性显著

地区间农民收入差异既表现在东、中、西三个大的区域之间，也表现在以行政区域划分的各省与省之间。东部经济发达地区的农民收入增长较快，但是中西部欠发达地区的农民收入增长缓慢甚至在某些年份出现负增长。以西部的贵州、中部的湖北、东部的上海为例，其农民人均净收入之比1985年为1∶1.46∶2.80，1998年扩大到1∶1.63∶4.05，2002年进一步扩大到 1∶1.64∶4.18，到 2007 年更是扩大到 1∶1.68∶4.27，2017 年降为 1∶1.56∶3.14，但是仍然高于 1985 年的水平①。

4.1.2.2　中国各地区城乡收入差距扩大的不均衡性显著

中国各地区的城乡收入差距在时间序列上和地区截面上表现出了相反的变化趋势。从时间序列上看，随着人均 GDP 的上升，在所有的地区城乡收入差距不断扩大；但从横截面上看，城乡收入差距则随着人均 GDP 的上升而下降，即经济发展水平越高的地区，城乡收入差距就越小，表明这些地区的农民收入增长较快。

4.2　中国农民收入结构的变迁过程分析

在农民收入发生这种量上的巨大变化的同时，由于收入增长源泉的变迁，其结构也在发生着巨大的变化。通过对农民收入结构变化特征的分析，可以在一定程度上揭示影响和决定农民收入的各个方面。

4.2.1　农民家庭经营净收入和农民工资性收入的变迁过程分析

根据《中国统计年鉴》（2014）的定义，城乡居民人均可支配收入都分为工资性收入、经营净收入、财产净收入和转移净收入。② 工资性收入是指就业人员通过各种途径得到的全部劳动报酬和各种福利，包括受雇于单位或个人、从事各种自由职业、兼职和零星劳动得到的全部劳动报酬和福利。经营净收入指住户或住户成员从事生产经营活动所获得的净收入，是全部经营收入中扣除经营费用、生产性固定资产折旧和生产税之后得到的净收入。财产净收入是指住户或住户成员将其所拥有的金融资产、住房等非金融资产和

---

① 根据相关年份《中国统计年鉴》数据整理。
② 《中国统计年鉴》从 1993 年开始将我国农民人均净收入分为劳动者收入、家庭经营净收入、转移性收入和财产性收入；从 2001 年开始将劳动者收入更名为工资性收入，且将家庭经营净收入中的采集、捕猎收入项和手工业收入项合并到其他项；从 2013 年开始，城乡居民可支配收入都包含工资性收入、经营净收入、财产净收入和转移净收入。本书对工资性收入、经营净收入、财产净收入和转移净收入只是一个简略的概述，更为详尽的定义可参见《中国统计年鉴》（2018）人民生活部分的主要指标解释。

自然资源交由其他机构单位、住户或个人支配而获得的回报并扣除相关的费用之后得到的净收入。转移净收入等于转移性收入减去转移性支出。

工资性收入是指农村住户成员受雇于单位或个人，靠出卖劳动而获得的收入，主要是通过打工获得的来自农村以外的收入。经营净收入主要是指农村住户以家庭为生产经营单位进行生产筹划和管理而获得的收入，主要是来自农村内部的收入。财产性净收入和转移性净收入主要是指非生产性净收入，由于这两部分收入之和占农民收入的比重一直较低，对农民收入的变化影响不大。因此，我们忽略对这两部分收入的考察，主要考察农民经营净收入和农民工资性收入。图4-1、图4-2和表4-2是我们根据《中国统计年鉴》中各年数据计算得到的1993年以来农民收入结构的变化以及农民收入各部分对农民收入增长的贡献①。从1993年开始我国将农民人均净收入分为劳动者收入、家庭经营收入、转移性收入和财产性收入，所以我们分析了1993~2017年的农民收入结构的变化趋势。

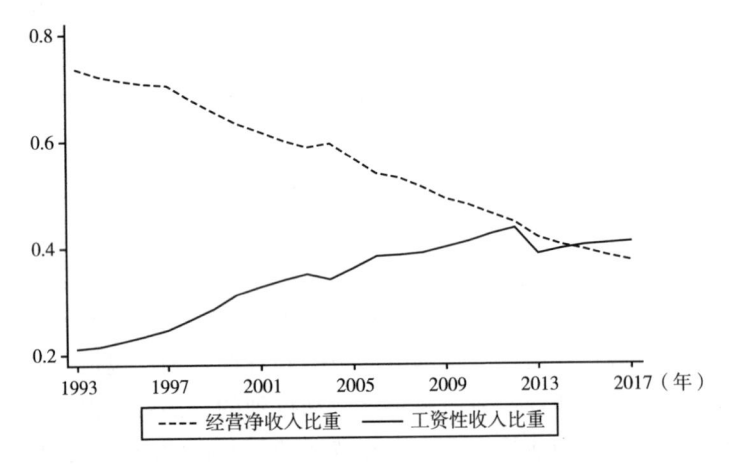

图4-1 1993~2017年我国农村居民经营净收入和工资性收入占比变动趋势

1993~2017年，农民经营净收入呈现出了波动性的增长趋势，其中1998~2000年出现了小幅度地下降，2001年开始反弹；1993~2017年农民工资性收入逐步上升，并且从2015年开始，农民工资性收入超过农民经营净收入，到2017年，农民工资性收入达到5498.4元，农民经营净收入达到5027.8元。

---

① 我们用每一年农民收入各部分的增长额占该年度农民人均净收入总的增长额的比例来衡量各部分对农民收入增长的贡献。

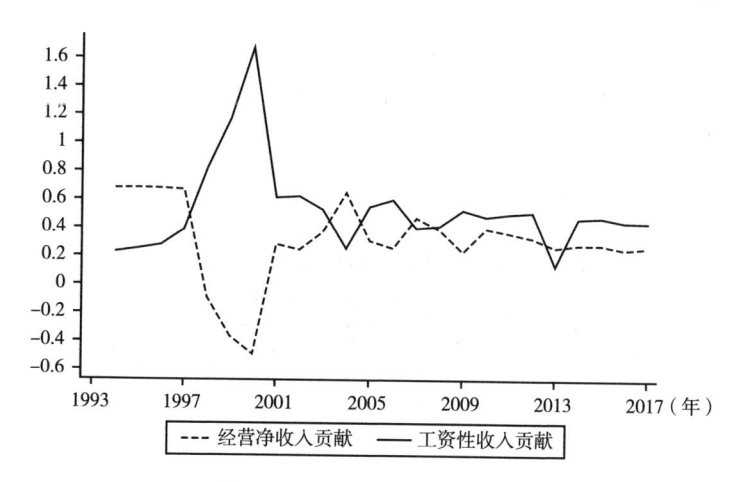

图 4-2　1994~2017 年我国农村居民经营净收入和工资性收入贡献变动趋势

从来源构成来看（见表 4-2），农民经营净收入和工资性收入之和在农民收入中所占的比例一直很高，但是，这两部分收入在农民收入中各自所占的比重发生了比较大的变化。工资性收入在农民收入中的比重不断增加，从 1993 年的 21.11% 增加到了 2017 年的 40.93%，上升了近 20 个百分点。与此相反，农民经营净收入所占比重逐渐下降，从 1993 年的 73.62% 下降到了 2007 年的 37.43%，下降了近 36 个百分点。

与此同时，如表 4-2 所示，自 1994 年开始，工资性收入对农民整体收入的增长产生了持续强劲的推动作用，1994 年工资性收入对农民收入增长的贡献为 22.87%，但之后这一数字呈现出迅速增加的趋势，1998 年，工资性收入对农民收入增长的贡献开始超过 50%，1999 年和 2000 年两年超过了 100%，尤其是 2000 年工资性收入对农民收入增长的贡献达到了 1.67 倍，这种转变似乎让人们看到农民收入增长的源泉正在发生本质性的变化（张车伟、王德文，2004），农民收入增长越来越依靠工资性收入的增长。然而从 2000 年开始，这种趋势却又发生了一些变化，虽然工资性收入的比重仍在缓慢上升，但是工资性收入对农民收入增长的贡献却开始不断下降，尤其是 2004 年度农民收入的增长额中，农业收入占 65%，而非农业收入只占 25%。这说明工资性收入在经历了一个长期的上升以后，农民从非农领域获取收入正逐渐变得越来越困难。这可能是因为我国第二、第三产业的发展并不一定持续有利于农村劳动力的转移以及无限供给的农村劳动力使劳动力的转移并不能够持续提高农民的工资性收入水平。而农民经营净收入则发生了相反的变化，1997 年时，农民收入增长的一半以上仍然可以由经营净收入的增长来解释，但这一数字呈现迅速下降的趋势，1998~2000 年家庭经营净收入已经在拖农民收入增长的后腿，2001 年以后才有所改观，并且经营净收入的增长对农民收入增长的贡献都是远小于 50%。

表 4-2　　1993~2017 年我国农村居民经营净收入和工资性收入的占比变化和贡献变化　　单位：%

年份	经营净收入占比	经营净收入贡献	工资性收入占比	工资性收入贡献
1993	73.62	—	21.11	—
1994	72.22	67.93	21.54	22.87
1995	71.35	68.38	22.42	25.43
1996	70.74	67.94	23.41	27.89
1997	70.46	67.21	24.62	38.83
1998	67.81	-9.35	26.53	82.16
1999	65.53	-36.48	28.51	117.21
2000	63.34	-48.95	31.17	167.21
2001	61.68	28.64	32.62	61.60
2002	60.05	24.64	33.94	62.55
2003	58.78	37.34	35.02	53.31
2004	59.45	65.10	34.00	25.49
2005	56.67	31.00	36.08	55.28
2006	53.83	26.02	38.33	60.30
2007	52.98	47.48	38.55	40.02
2008	51.16	39.00	38.94	41.52
2009	49.03	23.24	40.00	52.86
2010	47.86	39.96	41.07	48.29
2011	46.18	36.77	42.47	50.31
2012	44.63	33.15	43.55	51.53
2013	41.73	26.54	38.73	13.55
2014	40.40	28.56	39.59	47.17
2015	39.43	28.54	40.28	48.04
2016	38.35	25.24	40.62	44.76
2017	37.43	26.80	40.93	44.58

综上所述，依据对经营净收入和工资性收入的变迁过程分析，可以得出以下结论：2015 年之前，经营性净收入是农民收入的主要来源，经营性净收入占比一直高于工资性收入占比，从 2015 年开始工资性收入占比超过经营性净收入占比，2017 年工资性收入占农村居民人均可支配收入的比例高达 40.93%，而经营性净收入占农村居民人均可支配收入的比例降低到 37.43%。由此可见，经营性净收入的重要性呈现出逐渐减弱的趋势；工资性收入在农民收入中的比重不断上升；农民收入增长的来源发生了根本性的改变，农民收入增长逐渐由过去主要依靠家庭经营净收入的增长转变为主要依靠工资性收入的增长。

4.2.2 农业收入和非农业收入的变迁过程分析

根据收入的产业来源不同，农民收入可以分为农业收入和非农业收入，具体来说，农业收入是指经营净收入中的第一产业收入，即农林牧渔收入；非农业收入包括经营净收入中的第二、第三产业收入和工资性收入，农民经营净收入中的第二、第三产业收入主要指农村住户以家庭为生产经营单位进行从事工业、建筑业、交通运输、邮电、批发、零售、餐饮、社会服务以及文教卫生等行业而获得的收入。由于农民财产性收入和转移性收入主要是非生产性净收入，因此，农业收入和非农业收入中都不包含农民财产性收入和转移性收入。

由于从 2013 年开始不再公布农民收入中的农业收入数据，因此，我们对农民收入中的农业收入和非农业收入的分析截至 2012 年。表 4-3 反映了农业收入和非农业收入的变化趋势及在农民收入中的比重和对农民收入增长的贡献。农业收入在 1997 年时达到一个高峰，1998~2003 年农业收入始终徘徊不前，并且呈现小幅度下降的趋势，直到 2004 年农业收入才呈现增长的态势。与此相反，非农业收入从 1985 年开始逐步上升，并且非农业收入的绝对值从 2002 年开始已经超过农业收入，其占农民收入的比重也超过农业收入。2012 年农业收入为 2722.20 元，而非农业收入远远超过农业收入，已经达到 4258.63 元。

表 4-3　1985~2012 年农业收入和非农业收入的占比变化和贡献变化　　单位:%

年份	农业收入占比	农业收入贡献	非农业收入占比	非农业收入贡献
1985	66.35	—	26.13	—
1986	65.50	52.60	27.68	51.26

续表

年份	农业收入占比	农业收入贡献	非农业收入占比	非农业收入贡献
1987	65.03	59.86	30.31	59.01
1988	63.43	54.44	32.17	42.63
1989	61.79	45.98	33.14	42.55
1990	66.45	99.52	29.33	2.29
1991	65.00	20.28	30.34	61.38
1992	62.10	34.88	33.05	58.50
1993	61.45	57.78	33.27	34.53
1994	61.15	60.21	32.61	30.60
1995	60.62	58.82	33.15	34.99
1996	59.57	54.78	34.58	41.05
1997	58.37	44.31	36.71	61.74
1998	55.15	-38.37	39.19	111.16
1999	51.53	-110.53	42.51	191.25
2000	48.40	-112.05	46.10	230.45
2001	47.61	31.77	46.70	58.50
2002	45.85	7.69	48.14	79.51
2003	45.59	41.33	48.21	49.31
2004	47.61	64.44	45.85	26.14
2005	45.15	22.46	47.60	63.81
2006	42.41	15.57	49.75	70.76
2007	42.15	40.45	49.39	47.05
2008	40.87	32.36	49.23	48.15
2009	38.58	10.78	50.45	65.32
2010	37.69	31.71	51.24	56.54
2011	36.12	27.30	52.53	59.78
2012	34.39	21.54	53.79	63.15

从表4-3可以看出，目前，农业收入和非农业收入仍然是农民收入的主要构成部分，两者之和在农民收入中的比重在1985年为92%，到2007年这一比例仍然高达91.54%，表明农民的财产性收入和转移性收入在农民收入中的比重一直维持在一个较低的水平上，进而说明农民的财产性收入和转移性收入是有待于在未来得到提高的。从农业收入和非农业收入在农民收入中所占的比重可以看出，两者都发生了显著的变化。农业收入在农民收入中的重要性逐渐降低，1985年农业收入在农民收入中所占的比重为66.35%，到2012年这一比重减少到34.39%，下降了30多个百分点。与此相反，非农业

收入在农民收入中的重要性越来越显著，1985年非农业收入在农民收入中所占的比重仅为26.13%，到2012年这一比重上升为53.79%，增加了27个百分点。由此可见，非农业收入在农民收入中所占比重上升的幅度接近于农业收入在农民收入中下降的幅度。同时，从农业收入和非农业收入各自对农民收入增长的贡献来看，在1998年以前两者基本上接近的，但从1998年开始非农业收入对农民收入的贡献基本上远超过农业收入的贡献，尤其是1998~2000年非农收入的贡献超过了100%，而1998~2000年农业收入的贡献反而为负值，到2012年非农业收入对农民收入增长的贡献高达63.15%[①]。

综上所述，依据对农业收入和非农业收入的变迁过程分析，可以得出以下结论：非农业收入在农民收入中所占的比重不断上升，农业收入在农民收入中所占的比重不断下降，从2002年开始的绝大多数年份中非农业收入的比重已经超过农业收入的比重；农民收入增长的来源发生了根本性的变化，已由过去农业收入和非农业收入并驾齐驱转变为更多地依靠非农业收入的增长。

4.3 本章小结

本章对中国农民收入水平及收入结构的变迁过程进行了分析。改革开放初期，农民人均净收入稳定快速增长，然而近些年来，农民收入增长缓慢，远低于城镇居民收入的增长幅度。从农民收入构成上看，依据对家庭经营净收入和工资性收入的变迁过程分析，家庭经营净收入仍然是农民收入的主要来源，但其重要性呈现出逐渐减弱的趋势；工资性收入在农民收入中的比重不断上升；农民收入增长的来源发生了根本性的改变，农民收入增长逐渐由过去主要依靠家庭经营净收入的增长转变为主要依靠工资性收入的增长。依据对农业收入和非农业收入的变迁过程分析，非农业收入在农民收入中所占的比重不断上升，农业收入在农民收入中所占的比重不断下降，从2002年开始的绝大多数年份中非农业收入的比重已经超过农业收入的比重；农民收入增长的来源发生了根本性的变化，已由过去农业收入和非农业收入并驾齐驱转变为更多地依靠非农业收入的增长。

---

① 根据相关年份《中国统计年鉴》数据整理。

第5章　中国金融发展对农民收入增长影响过程的实证分析

在金融发展与收入分配关系的实证研究方面，国内外学者对金融发展与收入差距的研究较多。一些学者进行了跨国分析，发现金融发展会显著降低一国收入分配差距，却未能证明金融发展的库兹涅茨效应的存在，即未能证明收入分配状况会随着经济发展水平的提高而呈现倒"U"型的变化（Clarke，Xu & Zou，2003；Beck & Levine，2004；Honoban，2004）。国内学者们对金融发展与收入差距的实证研究主要得出了三种不同的结论：一是中国金融发展扩大了城乡收入差距（章奇等，2004；杨俊等，2006；姚耀军，2005）；二是金融发展与我国城乡收入差距之间呈倒"U"型关系（刘敏楼，2006；万文全，2006）；三是金融发展和城乡收入差距的关系不明显或者不确定（陆铭和陈钊，2004；尹希果等，2007）。

对于中国金融发展和农民收入之间关系的实证研究却只有较少的学者关注，学者们的研究结果也是不尽相同：一是中国金融发展对农民收入增长影响是负面的或者不显著（温涛等，2005；许崇正等，2005；钱水土等，2011；杜兴端，2011）；二是金融发展对于农民收入增长有促进作用（王虎等，2006；娄永跃，2010；刘玉春等，2013；肖龙铎和张兵，2017）；三是农村非正规金融发展促进了农民收入增长（Jia Xiangping et al.，2010；胡宗义，2012；张宁和张兵，2015；李祎雯和张兵，2016）。上述文献都是基于中国整体的研究，缺乏以中国每个省份为单位的分析。与此同时，我国经济发展水平和金融发展水平地区间巨大差距的存在（胡鞍钢等，1995；林毅夫等，1998；蔡昉等，2000；周立、胡鞍钢，2002；周立、王子明，2002），使金融发展与农民收入水平的关系在地区层面上必然也会表现出非完全一致的关系。因此，我们不能只停留在国家层面，必须深入地区层面，才能够把握到基本的现实，得出符合实际的研究结论。所以，对中国各地区金融发展和农民收入水平的研究,将进一步丰富金融发展和农民收入水平的研究成果,为进一步的研究提供新的经验性证据。

本章将首先实证检验农村物质资本投资、农户人力资本投资、产业结构变化和农村剩余劳动力转移对中国农民收入增长的影响;其次实证检验中国农村金融发展和中国城镇金融发展对农村物质资本投资、农户人力资本投资、产业结构变化和农村剩余劳动力转移的影响效应;最后对中国农村金融发展和中国城镇金融发展对农民收入的作用进行检验。

5.1 中国农民收入增长直接影响因素的实证分析

如前所述,农村物质资本投资、农户人力资本投资、产业结构变化和农村剩余劳动力转移是影响中国农民收入增长的最直接因素,因此,本章先实证检验上述直接因素对中国农民收入增长的影响效应。

5.1.1 回归模型的建立及指标的选取

为了实证分析上述直接因素对农民收入增长的影响效应,本章构建了以下向量自回归(VAR)模型:

$$RI_t = \alpha_{1,0} + \sum_{i=1}^{k} \beta_{11,i} RI_{t-i} + \sum_{i=1}^{k} \beta_{12,i} RK_{t-i} + \sum_{i=1}^{k} \beta_{13,i} HC_{t-i} + \sum_{i=1}^{k} \beta_{14,i} IS_{t-i} \sum_{i=1}^{k} \beta_{15,i} LT_{t-i} + \varepsilon_{1,t}$$

在上述模型中,本书选取了下列指标。

(1) RI 是代表中国农民收入水平的指标,为了消除数据的剧烈波动和异方差,本章用《中国统计年鉴》中的农村居民人均净收入的自然对数来衡量,并且用农村消费价格指数对收入数据进行了消胀。我们将本书研究的时间跨度定位在 1986~2017 年,这是为了与后面的实证分析保持时间跨度上的一致性①。

---

① 接下来使用中国各省份数据进行实证分析过程中,由于各省份的农村消费价格指数自 1986 年开始才有完整的统计数据,本书将研究的时间跨度定位在 1986~2017 年。

（2）RK 是代表中国农村人均固定资产投资的指标，同样为了消除数据的剧烈波动和异方差，本书用农村固定资产投资与农村人口数之比的自然对数来衡量。

（3）HC 是代表农村人力资本投资状况的指标，人力资本的度量一直存在争议，许多学者用受教育状况来衡量人力资本投资状况。本书选择使用农村地区初中及初中以上文化程度的劳动力占农村劳动力的比重来衡量农户人力资本投资状况[1]。

（4）IS 是代表产业结构变化的指标，本书用第一产业增加值占 GDP 的比重表示产业结构变量。

（5）LT 是代表农村劳动力就业结构的指标，本书用农村劳动力中从事非农产业的劳动力占农村劳动力总人数的比重来刻画农村劳动力就业结构，从而用来衡量农村劳动力转移的状况。

本部分农民人均净收入、农村固定资产投资、农村人口数和计算产业结构变量的数据取自相应年份的《中国农村统计年鉴》，计算农村人力资本投资状况和农村劳动力转移状况的数据取自相应年份的《中国农业发展报告》和《2018 年中国农业农村发展报告》。

5.1.2　实证检验结果及相关分析

5.1.2.1　单位根检验

由于所使用的数据均是时间序列变量，所以先应该进行变量的平稳性检验。本书采用 ADF 单位根检验法确定相关变量的平稳性。ΔRI、ΔRK、ΔHC、ΔIS 和 ΔLT 分别表示相应变量的一阶差分值。检验结果如表 5-1 所示，在 5% 的显著性水平上，RI、RK、HC、IS 和 LT 都是非平稳的，而它们的一阶差分序列都是平稳的，说明这五个时间序列变量都是一阶单整序列。因此，它们满足构造 VAR 模型的必要条件。

---

[1] 周晓等（2003）的研究发现，农村地区小学文化程度的劳动力与文盲劳动力在劳动生产率方面相差不大，但是一旦接受了初中教育，劳动力就可望获得较高的收入。

表5-1　　　　　　　　　　单位根检验结果

变量	ADF 统计量	检验类型 (c、t、k)	临界值 (5%的显著性水平上)	稳定性	结论
RI	-3.158	(c, t, 1)	-3.411	不平稳	I(1)
ΔRI	-5.316	(c, t, 0)	-3.137	平稳	
RK	-1.965	(c, t, 1)	-2.835	不平稳	I(1)
ΔRK	-5.145	(c, 0, 0)	-3.267	平稳	
HC	0.095	(c, 0, 1)	-2.746	不平稳	I(1)
ΔHC	-4.853	(c, 0, 0)	-2.371	平稳	
IS	-0.623	(c, 0, 1)	-2.413	不平稳	I(1)
ΔIS	-4.163	(c, 0, 0)	-3.012	平稳	
LT	-1.438	(c, t, 1)	-3.673	不平稳	I(1)
ΔLT	-3.823	(c, 0, 1)	-3.278	平稳	

注：检验类型中 c、t、k 分别表示带有常数项、趋势项和滞后阶数。

5.1.2.2　协整检验

在上述变量都是一阶单整的基础上，进一步利用 Johansen 协整检验来判断它们之间是否存在长期均衡关系，并确定相关变量之间的符号关系。Johansen 协整检验是一种基于向量自回归（VAR）模型的检验方法，检验之前，先要确定 VAR 模型的最优滞后期。根据 LR、FPE、AIC、SC、HQ 这五个统计量的值并结合样本区间的规模可以确定 RI、RK、HC、IS 和 LT 的 VAR 模型的最优滞后期数为 1。可以得到协整检验的结果，如表 5-2 所示。

表5-2　　中国农民收入直接影响因素的 Johansen 检验结果

协整方程数目的零假设	特征值	迹统计量	临界值 (5%的显著性水平上)
0*	0.728	67.892	63.945
至多1个	0.535	34.172	42.948
至多2个	0.431	15.169	26.180
至多3个	0.091	3.265	11.672

注：*表示在5%的显著性水平上拒绝零假设。

由表 5-2 可知，RI、RK、HC、IS 和 LT 之间存在一个协整关系，标准化后的协整方程为：

$$RI = 2.319RK + 4.197HC + 2.983IS + 6.797LT$$
$$(-6.894)\quad(7.105)\quad(-1.179)\quad(-8.672)$$

（注：括号内数字为 T 检验值）

由上述方程可知，人均农村固定资产投资、农村劳动力的人力资本存量、产业结构、农村劳动力转移与农民收入之间均存在着显著的正相关性。其中，人均农村固定资产投资对农民收入增长的促进作用明显，这与王虎等（2006）所测算的全社会人均资本存量对农民收入增长的促进作用不显著的结论不同，这是由于本章使用的是人均农村固定投资数据而不是全社会人均资本存量数据，剔除了对城市的固定资产投资，从而说明农村地区的物质资本投资效率较高，对农民收入的促进作用显著，基于此，我们需要通过各种途径继续加大对农村地区的物质资本投资。农村人力资本存量的提高对农民收入增长的促进作用是比较大的，这与绝大多数学者的研究结论是一致的。同时，农村劳动力的转移对农民收入增长的促进作用最大，说明农民工资性收入增长对农民整体收入增长的贡献是非常显著的。另外，代表产业结构变化的第一产业增加值在 GDP 中所占的比重与农民收入成正比，即第二、第三产业增加值在 GDP 中所占的比重与农民收入负相关，这一结论与王虎等（2006）的研究结论相同，这是由于中国第二、第三产业的发展能够促进农民收入增长正是因为它促进了农村劳动力的转移，但是当控制住农村劳动力的转移后，第二、第三产业的发展反而会起到阻碍农民收入增长的作用，这说明在第二、第三产业发展的过程中，农业产品和服务的相对价格却在恶化，从而导致农业中生产要素的实际报酬的下降，而这也进一步促进了农村中的劳动力和资金就会流向城市和第二、第三产业（王虎等，2006）。

5.2 中国金融发展对农民收入增长影响渠道的实证分析

本章接下来将进行中国金融发展对农民收入增长影响渠道的实证分析，即实证检验中国农村金融发展和中国城镇金融发展对农村物质资本投资、农户人力资本投资、产业结构变化和农村剩余劳动力转移的影响效应。

5.2.1 回归模型的建立及指标的选取

为了进行中国金融发展对农民收入增长影响渠道的实证分析，本书构建了以下的向量自回归（VAR）模型：

$$RK_t = c_{1,0} + \sum_{i=1}^{k}\pi_{11,i}RS_{t-i} + \sum_{i=1}^{k}\pi_{12,i}RL_{t-i} + \sum_{i=1}^{k}\pi_{13,i}FD_{t-i} + \sum_{i=1}^{k}\pi_{14,i}FE_{t-i} + \mu_{1,t}$$

$$HC_t = \alpha_{1,0} + \sum_{i=1}^{k}\beta_{11,i}RS_{t-i} + \sum_{i=1}^{k}\beta_{12,i}RL_{t-i} + \sum_{i=1}^{k}\beta_{13,i}FD_{t-i} + \sum_{i=1}^{k}\beta_{14,i}FE_{t-i} + \varepsilon_{1,t}$$

$$IS_t = c_{1,0} + \sum_{i=1}^{k}\pi_{11,i}RS_{t-i} + \sum_{i=1}^{k}\pi_{12,i}RL_{t-i} + \sum_{i=1}^{k}\pi_{13,i}FD_{t-i} + \sum_{i=1}^{k}\pi_{14,i}FE_{t-i} + \mu_{1,t}$$

$$LT_t = \alpha_{1,0} + \sum_{i=1}^{k}\beta_{11,i}RS_{t-i} + \sum_{i=1}^{k}\beta_{12,i}RL_{t-i} + \sum_{i=1}^{k}\beta_{13,i}FD_{t-i} + \sum_{i=1}^{k}\beta_{14,i}FE_{t-i} + \varepsilon_{1,t}$$

在上述模型中，RK、HC、IS 和 LT 这四个指标和本章第一节的相同，只是新增加了衡量农村金融发展状况和城镇金融发展状况的指标。

5.2.1.1 对于农村金融发展状况的度量

虽然农村的信贷投资总额既含有农业的贷款投资也包括对乡镇企业的信贷投资，然而根据前面的分析，农村金融主要是通过影响农村地区的物质资本投资和农户人力资本投资而影响农民家庭经营净收入的，因此，对乡镇企业的贷款在本章中应归属于城镇金融发展的范畴来影响农民的务工收入即农民工资性收入。按照《统计大词典》（郑家享，中国统计出版社）农业贷款的定义"是指国家银行对国营农业企业，集体农业企业，农户经营农业生产所发放的贷款，以及农户生活困难贷款，扶贫贴息贷款。"鉴于此，本章参考温涛等（2005）选择了农村储蓄比率（RS）和农村金融机构信贷比率（RL）作为衡量指标，并利用它们考察各省份农村金融发展水平对农民收入增长的影响。其中，农村储蓄比率（RS）是金融机构农业存款总量与农业总产值①的比值；农村金融机构信贷比率（RL）是金融机构农业贷款总量与农业总产值的比值。

---

① 本书中的农业总产值是指广义的农业总产值，即《中国统计年鉴》中的农林牧渔业总产值，指以货币表现的农、林、牧、渔业全部产品和对农林牧渔业生产活动进行的各种支持性服务活动的价值总量，它反映一定时期内农林牧渔业生产总规模和总成果。从 2003 年起，执行新的国民经济行业分类标准，农林牧渔业总产值中包括了农林牧渔服务业产值。

5.2.1.2 对于城镇金融发展状况的度量

我们注意到目前的乡镇企业的定义发生了变化，《中国统计年鉴》（2008）中给出了如下定义："乡镇企业：指农村集体经济组织或农民投资为主，在乡镇（包括所辖村）举办的承担支援农业义务的各类企业。投资为主是指农村集体经济组织或农民投资超过百分之五十，或者虽不超过百分之五十，但能起到控股或者实际支配作用。其范围包括乡（镇）办企业，村办企业，联户办企业，户（私营，个体）办企业，以及这些企业之间或者这些企业与国有企业，城镇集体企业，私营企业以及外资（包括我国港澳台地区）等各种经济成分联合投资建立的企业。"从上述定义我们可以看出，这里所指的乡镇企业几乎包容了所有的设置在农村的企业。由于大多数农民从乡镇企业获得的收入主要是工资性收入，即农村住户成员受雇于单位，靠出卖劳动而获得的收入[①]。

根据前面的分析，城镇金融发展通过影响城市产业结构的变化和农村剩余劳动力的转移而影响农民在城市找到工作的概率和在城市获得的务工收入的高低，因此，在农民工资性收入占农民整体收入比重较高的情况下，除了农村金融发展以外，城镇金融发展同样对农民收入增长产生重要影响。

本章同时采用城镇金融发展规模指标（FD）和城镇金融发展效率指标（FE）来测算中国的城镇金融发展水平。戈德史密斯（Goldsmith，1969）提出了"金融相关比率"指标，通过测算金融资产占国民财富的比例，对地区金融发展水平进行测度。在跨国分析中，人们通常将其简化为金融资产总量与国内生产总值之比，以此衡量一国的经济金融化程度。自金和莱文（King & Levine，1993）得出研究结论以来，这种测度方法在跨国金融发展比较研究中得到了广泛应用。本章将存贷款的数据作为金融资产的一个窄的衡量指标。在城镇金融发展规模指标的选取上，考虑到城乡金融发展的非均衡性，本章采用银行存贷款之和减去农业存款以及农业贷款的差值与GDP减去第一产业增加值的差值之比作为城镇金融发展规模指标（FD），来揭示中国城镇金融发展规模。同时，在城镇金融发展效率指标的选取上，考虑到国有经济在整个中国经济中所占的比重仍然很大，本章用城乡居民储蓄总额减去农业存款的差值与金融贷款总额减去农业贷款的差

---

① 参见《中国统计年鉴》（2018）对农民工资性收入指标的解释。

值之比作为城镇金融发展效率指标（FE），来衡量城镇金融中介将储蓄转化为贷款的效率。

本部分1986~2004年的数据未经指明均取自《新中国五十五年统计资料汇编》，2005~2017年的数据取自相应年份的《中国金融年鉴》，2005~2017年的存贷款数据取自《中国统计年鉴》（2006~2018年）。

5.2.2 实证检验结果及相关分析

5.2.2.1 单位根检验

首先进行变量的平稳性检验。由于前面已经对RK、HC、IS和LT进行了单位根检验，所以本部分只对衡量农村金融发展和城镇金融发展的RS、RL、FD和FE四个时间序列变量的水平值与它们的一阶差分ΔRS、ΔRL、ΔFD和ΔFE进行ADF单位根检验，检验结果如表5-3所示，在5%的显著性水平上，RS、RL、FD和FE都是非平稳的，而它们的一阶差分序列都是平稳的，说明这五个时间序列变量都是一阶单整序列。因此，它们满足构造VAR模型的必要条件。

表5-3　　　　　　　　　　单位根检验结果

变量	ADF统计量	检验类型 (c, t, k)	临界值 (5%的显著性水平上)	稳定性	结论
RS	-2.415	(c, t, 3)	-3.628	不平稳	I(1)
ΔRS	-6.072	(c, t, 0)	-3.984	平稳	
RL	-1.323	(c, t, 1)	-2.127	不平稳	I(1)
ΔRL	-4.778	(c, 0, 1)	-3.231	平稳	
FD	0.129	(c, 0, 1)	-2.064	不平稳	I(1)
ΔFD	-3.674	(c, 0, 1)	-2.805	平稳	
FE	-0.367	(c, 0, 1)	-1.763	不平稳	I(1)
ΔFE	-3.821	(c, 0, 1)	-2.542	平稳	

注：检验类型中c、t、k分别表示带有常数项、趋势项和滞后阶数。

5.2.2.2 协整检验

在上述变量都是一阶单整的基础上，本章同样利用Johansen协整检验来判断它们之间是否分别存在长期均衡关系,并进一步确定相关变量之间的符号关系。本章对中国金融发展对农民收入增长的四条影响渠道分别做 Johansen 协整检验。我们可以得到协整检验的结果,分别如表 5-4 至表 5-7 所示。

表 5-4　中国金融发展影响人均农村固定资产投资的 Johansen 检验结果

协整方程数目的零假设	特征值	迹统计量	临界值 (5%的显著性水平上)
0*	0.664	50.053	41.654
至多1个	0.389	21.267	24.327
至多2个	0.207	8.189	13.298
至多3个	0.018	0.489	4.643

注：*表示在5%的显著性水平上拒绝零假设。

表 5-5　中国金融发展影响农村人力资本投资的 Johansen 检验结果

协整方程数目的零假设	特征值	迹统计量	临界值 (5%的显著性水平上)
0*	0.698	57.357	41.021
至多1个	0.336	18.679	21.784
至多2个	0.342	6.542	12.763
至多3个	0.023	0.246	2.964

注：*表示在5%的显著性水平上拒绝零假设。

表 5-6　中国金融发展影响产业结构变化的 Johansen 检验结果

协整方程数目的零假设	特征值	迹统计量	临界值 (5%的显著性水平上)
0*	0.676	60.143	51.141
至多1个	0.298	19.862	24.398
至多2个	0.314	7.672	10.410
至多3个	0.051	0.753	5.231

注：*表示在5%的显著性水平上拒绝零假设。

表 5-7　　中国金融发展影响农村劳动力转移的 Johansen 检验结果

协整方程数目的零假设	特征值	迹统计量	临界值 (5%的显著性水平上)
0*	0.612	56.124	49.201
至多 1 个	0.399	29.562	30.302
至多 2 个	0.197	9.122	10.670
至多 3 个	0.019	0.898	4.034

注：*表示在5%的显著性水平上拒绝零假设。

在进行上述四个 Johansen 协整检验时，分别得到以下标准化后的协整方程：

$$RK = 3.413RS + 7.187RL + 1.139FD + 2.034FE \quad (5-1)$$
$$(7.148) \quad (6.764) \quad (-1.874) \quad (-8.973)$$

$$HC = 3.984RS + 6.198RL + 2.032FD + 2.794FE \quad (5-2)$$
$$(-7.132) \quad (6.815) \quad (-2.075) \quad (8.998)$$

$$IS = 0.102RS + 0.092RL - 4.146FD - 7.110FE \quad (5-3)$$
$$(-2.488) \quad (4.898) \quad (-5.145) \quad (7.799)$$

$$LT = -1.156RS - 2.187RL + 4.329FD + 8.034FE \quad (5-4)$$
$$(-6.116) \quad (6.176) \quad (-4.462) \quad (-7.185)$$

（注：括号内数字为 T 检验值）

从上述协整检验结果可知：由方程（5-1）可知，农村储蓄比率、农村信贷比率、城镇金融发展规模和城镇金融发展效率与人均农村固定资产投资都是正相关的，但是农村储蓄比率和农村信贷比率对人均农村固定资产投资的正向作用较为显著，尤其是农村信贷比率对人均农村固定资产投资的正向作用最大，这与第 3 章的理论分析相同，同时说明城镇金融发展水平的提高也对农村固定资产投资具有正面的影响。由方程（5-2）可知，对方程（5-1）中的人均农村固定资产投资的分析同样适用于对农户人力资本投资的分析，即农村储蓄比率和农村信贷比率对农户人力资本投资的正向作用最为显著。由方程（5-3）可知，第二、第三产业增加值占 GDP 的比重与农村储蓄比率和农村信贷比率的相关性不明显，而与城镇金融发展规模和城镇金融发展效率是正相关的，其中，城镇金融发展效率的正面作用最为显著。由方程（5-4）可知，农村劳动力转移与农村储蓄比率和农村信贷比率都是负相关的，而与城镇金融发展规模和城镇金融发展效率都是正相关的，这说明农村金融发展状况的改善有利于增加农村劳动力在农村内部的就业机会，从而减少其外出务工或到乡镇企业工作的概率；与此同时，城镇金融发展水平的提高有利于第二、第三产业在城镇的发展，从而是有利于农村劳动力转移的。这与第3章的理论分析相同。

5.3 中国金融发展对农民收入增长的影响分析

5.3.1 中国农村金融发展对农民收入增长的影响分析

5.3.1.1 回归模型的建立及指标的选取

为了实证分析中国各省份农村金融发展对农民收入增长的影响效应，本章构建了以下向量自回归（VAR）模型：

$$RI_t = \alpha_{1,0} + \sum_{i=1}^{k} \beta_{11,i} RI_{t-i} + \sum_{i=1}^{k} \beta_{12,i} RL_{t-i} + \sum_{i=1}^{k} \beta_{13,i} RS_{t-i} + \sum_{i=1}^{k} \beta_{14,i} PF_{t-i} + \varepsilon_{1,t}$$

$$RS_t = \alpha_{1,0} + \sum_{i=1}^{k} \beta_{11,i} RI_{t-i} + \sum_{i=1}^{k} \beta_{12,i} RL_{t-i} + \sum_{i=1}^{k} \beta_{13,i} RS_{t-i} + \sum_{i=1}^{k} \beta_{14,i} PF_{t-i} + \varepsilon_{1,t}$$

$$RL_t = \alpha_{1,0} + \sum_{i=1}^{k} \beta_{11,i} RI_{t-i} + \sum_{i=1}^{k} \beta_{12,i} RL_{t-i} + \sum_{i=1}^{k} \beta_{13,i} RS_{t-i} + \sum_{i=1}^{k} \beta_{14,i} PF_{t-i} + \varepsilon_{1,t}$$

在上述模型中，为了揭示农村金融发展与农民收入水平之间的关系，本章选取了下列指标，分别反映各省份农民收入水平状况、金融发展水平和财政支农水平。

（1）RI是代表农民收入水平的指标，用农村居民人均净收入的自然对数来衡量，我们用《中国统计年鉴》上各省份的农村居民人均净收入的数据衡量农民人均净收入，并且用农村消费价格指数对收入数据进行了消胀。同时，由于各省份的农村消费价格指数自1986年开始才有完整的统计数据，因此，我们研究的时间跨度为1986~2017年。

（2）对于农村金融发展水平的度量。与前面选取的指标相同，包括农村储蓄比率（RS）和农村金融机构信贷比率（RL），本节使用了各省份的数据来分别计算其农村储蓄比率和农村金融机构信贷比率。

（3）财政支农指标（PF）。该指标作为影响农民收入水平的重要因素（李焕彰和钱忠好，2004），作为控制变量被引入上述模型。中国地方政府的财政支出分为基本建设拨款、支持农业生产和事业、文教科学卫生事业、企业挖潜改造和行政管理共五类，显然，地方政府支持农业生产和事业的支出是有利于农业发展和增加农民收入的。因此，以地方政府当年的支持农业生产和事业的支出在地方财政支出中所占的比重作为衡量财政支农水平的指标。

本部分 1986~2004 年的数据未经指明均取自《新中国五十五年统计资料汇编》，2005~2017 年的存贷款数据取自相应年份的《中国金融年鉴》，2005~2017 年的其他数据取自《中国统计年鉴》（2006~2018 年）。本部分样本包括中国境内除海南、重庆、西藏以外的其他 28 个省（区、市）。

单方程模型得出的结论对模型选择和函数形式非常敏感，相对于单方程模型而言，向量自回归（VAR）模型可能具有更高的可靠性（Gujarati，1995；Enders，1995）。尽管直接根据 VAR 模型做出正确推断往往要求变量具有平稳性，然而，当变量非平稳但具有协整关系时，基于 VAR 模型做出的推断常常也是可靠的。在 VAR 模型基础上，协整向量的极大正则似然估计以及相关的协整和调节向量的假设检验最终形成被广泛使用的 Johansen 协整检验法（Johansen，1988；Johansen & Juselius，1990；Johansen，1995）。协整分析得出的经验方程只是表示变量之间存在相关关系，只能说明至少存在一个方向上的因果关系（Granger，1988），并不能说明变量之间因果关系的方向。为此，大多数研究常根据格兰杰表示定理引入误差修正模型（ECM），通过利用 Wald 统计量检验 ECM 中有关变量系数的显著性或联合显著性，判断变量间短期和长期因果关系。本部分先将利用 ADF 单位根检验法，检验变量的平稳性。如果变量是同阶单整的，那么我们将对相关变量进行协整检验以确定各省份金融发展和农民收入水平之间的长期均衡关系，并在协整关系的基础上，通过向量误差修正模型中误差修正项的显著性检验和格兰杰因果检验来分别验证长期因果关系和短期因果关系。

5.3.1.2 实证检验结果及相关分析

（1）单位根检验。本部分所使用的数据均是时间序列变量，所以先应进行变量的平稳性检验。本部分采用 ADF 单位根检验法对每个省份各变量序列的水平值和一阶差分进行平稳性检验。检验结果显示，我国绝大部分省份农村居民家庭人均净收入 RI、农村居民储蓄比率 RS、农村金融机构信贷比率

RL 和财政支农指标 PF 这四个时间序列的水平值都是非平稳的，而它们的一阶差分序列在 10% 的显著性水平上都是平稳的，说明各省份的这四个时间序列变量都是一阶单整的，即为 I（1）过程。

（2）协整检验。在上述变量都是一阶单整的基础上，我们可以进一步进行基于向量自回归模型的 Johansen 协整检验来判断它们之间是否存在长期均衡关系，并进一步确定相关变量之间的符号关系。为了检验农民收入水平与农村金融发展之间的长期关系，本部分对国内 28 个省份 1986～2017 年农村居民家庭人均净收入 RI、农村居民储蓄比率 RS、农村金融机构信贷比率 RL 和财政支农指标 PF 四个变量进行了协整检验，结果显示，除河北、陕西、山西、吉林、黑龙江、江西、甘肃和青海 8 个省份以外，有 20 个省份的这些变量在 5% 的显著水平上存在协整关系。在 20 个省份的标准化协整向量中，有 10 个省份农村居民储蓄比率 RS 的系数为正，说明有 10 个省份的农村居民储蓄比率与农民收入水平成负向相关关系；有 15 个省份农村金融机构信贷比率 RL 的系数为负，说明有 15 个省份的农村金融机构信贷比率与农民收入水平呈正向相关关系。从整体上看，农村金融发展与农民收入之间虽然存在着相关关系，但是衡量农村金融发展水平的两个指标对农民收入的影响是完全不同的，农村居民储蓄比率的提高会阻碍农民收入的增长，而农村金融机构信贷比率的提高会促进农民收入的增长。这说明农村金融机构信贷比率的提高会增加金融支农力度，促进农民收入的增长，从而从总体上会缩小城乡收入差距。同时，农村居民储蓄比率的提高则会阻碍农民收入的增加，这一结论更进一步地印证了我国农村资金外流现象的存在，即农村金融机构出于自身利益的考虑，往往将农村金融剩余转移到城镇地区，从而造成了农村储蓄越多，农村资金的流失也越多的问题，从而导致农村储蓄的增加不利于农民收入的增长，反而有利于城镇居民收入的增长，最终会拉大城乡收入差距。

（3）长期因果关系检验。农民收入水平、农村居民储蓄比率和农村金融机构信贷比率之间存在协整关系，意味着它们之间存在长期均衡关系，但这并不能确定它们之间一定存在长期因果关系。以往的研究大都只是基于格兰杰因果检验法考察了农民收入水平与金融发展水平之间的短期因果关系，对于长期因果关系未做讨论。而对于长期因果关系的验证，我们可以通过对向量误差修正模型（VECM）中误差修正项的显著性检验来实现，即如果变量间存在协整关系，可以建立向量误差修正模型，然后对误差修正项（ECT）进行 T 检验来判断变量间的长期因果关系。在各省份农村居民储蓄比率、农村金融机构信贷比率和农民收入水平之间存在协整关系的基础上，我们构建以下的误差修正模型（VECM）：

$$\Delta RI_t = \alpha_{1,0} + \sum_{i=1}^{k-1} \delta_{11,i} \Delta RI_{t-i} + \sum_{i=1}^{k-1} \delta_{12,i} \Delta RL_{t-i} + \sum_{i=1}^{k-1} \delta_{13,i} \Delta RS_{t-i}$$
$$+ \sum_{i=1}^{k-1} \delta_{14,i} \Delta PF_{t-i} + \lambda_1 ECT_{t-1} + \mu_{1,t}$$

$$\Delta RL_t = \alpha_{2,0} + \sum_{i=1}^{k-1} \delta_{21,i} \Delta RI_{t-i} + \sum_{i=1}^{k-1} \delta_{22,i} \Delta RL_{t-i} + \sum_{i=1}^{k-1} \delta_{23,i} \Delta RS_{t-i}$$
$$+ \sum_{i=1}^{k-1} \delta_{24,i} \Delta PF_{t-i} + \lambda_2 ECT_{t-1} + \mu_{2,t}$$

$$\Delta RS_t = \alpha_{3,0} + \sum_{i=1}^{k-1} \delta_{31,i} \Delta RI_{t-i} + \sum_{i=1}^{k-1} \delta_{32,i} \Delta RL_{t-i} + \sum_{i=1}^{k-1} \delta_{33,i} \Delta RS_{t-i}$$
$$+ \sum_{i=1}^{k-1} \delta_{34,i} \Delta PF_{t-i} + \lambda_3 ECT_{t-1} + \mu_{3,t}$$

在误差修正方程中，如果 λ_1 为负值且显著，则从长期来看农民收入水平的变动缘于农村金融机构信贷比率和农村居民储蓄比率的变化；如果 λ_2 显著为负且协整向量中 RL 的系数为正，或者 λ_2 显著为正且协整向量中 RL 的系数为负，则农民收入水平的提高在长期内导致了农村金融机构信贷比率的变动；如果 λ_3 显著为负且协整向量中 RS 的系数为正，或者 λ_3 显著为正且协整向量中 RS 的系数为负，则农民收入水平的提高在长期内导致了农村居民储蓄比率的变动。

表5-8显示的是各省份农民收入水平 RI、农村金融机构信贷比率 RL 和农村居民储蓄比率 RS 之间的协整向量及对 ECT 的 T 检验值。在对误差修正项的 T 检验一栏中，第（1）列是 λ_1 的值和 T 检验值，第（2）列是 λ_2 的值和 T 检验值，第（3）列是 λ_3 的值和 T 检验值。从中可以看出，相关变量间存在协整关系的 20 个省份中，有 15 个省份（北京、天津、内蒙古、辽宁、上海、江苏、浙江、安徽、福建、山东、河南、湖南、云南、宁夏和新疆）的 λ_1 值在5%的显著水平上显著为负，说明这 15 个省份的农村金融机构信贷比率和农村居民储蓄比率的变动在长期内促进或者遏制了农民收入水平的提高；有 11 个省份（北京、辽宁、上海、安徽、河南、湖北、湖南、广西、四川、贵州和新疆）的农民收入水平的提高是农村金融机构信贷比率提高的长期原因；有 7 个省份（江苏、浙江、湖南、广东、广西、云南和新疆）的农民收入水平的提高是农村居民储蓄比率提高的长期原因。因此，从整体上看，农村金融发展和农民收入水平的长期因果关系明显。

表 5-8　协整向量和对误差修正项的 T 检验（农民收入与农村金融发展）

省份	标准化协整向量	对误差修正项的 T 检验					
		(1)		(2)		(3)	
		λ_1	T 值	λ_2	T 值	λ_3	T 值
北京	[1, -0.215, -0.873] (-10.179) (17.844)	-2.129*	-3.79	5.327*	4.873	-0.201	-0.218
天津	[1, -0.876, 0.812] (-2.561) (1.697)	-2.731*	-3.584	0.165	0.419	0.321	1.589
内蒙古	[1, -0.468, -1.191] (-4.013) (-7.017)	-0.346*	-2.695	-0.267	-1.074	-0.321	-1.028
辽宁	[1, 6.158, -9.981] (4.213) (-4.197)	-0.058*	-2.153	-0.073*	-3.154	-0.021	-1.121
上海	[1, -1.924, -1.102] (-5.768) (-1.487)	-0.286*	-2.652	0.215*	4.072	-0.053	-0.649
江苏	[1, -0.867, 0.897] (-4.641) (4.019)	-0.395*	-3.183	-0.021	-0.185	-0.486*	-3.953
浙江	[1, -0.187, 0.125] (-4.902) (1.104)	-0.312*	-3.952	-0.436	-1.279	-0.391*	-2.478
安徽	[1, -4.917, 1.116] (-9.003) (0.795)	-0.102*	-3.589	0.296*	2.615	-0.029	-0.652
福建	[1, -1.435, 0.476] (-8.156) (2.718)	-0.587*	-2.726	0.293	0.519	0.184	1.632
山东	[1, -2.298, 2.065] (-9.753) (11.143)	-0.631*	-5.103	0.019	0.214	0.011	0.035
河南	[1, 1.167, -1.593] (2.189) (-1.905)	-0.071*	-2.605	-0.431*	-3.218	-0.215	-0.712
湖北	[1, 19.432, -26.134] (3.872) (-4.995)	0.026	1.549	-0.015*	-3.321	-0.021	-1.105
湖南	[1, -5.217, 3.894] (-5.143) (3.217)	-0.023*	-3.416	0.068*	3.312	-0.011*	-3.146
广东	[1, 2.228, -5.038] (6.126) (-8.117)	0.372	0.156	-0.033	-0.219	0.214*	4.621
广西	[1, 6.997, -9.763] (9.196) (-11.018)	0.021	0.328	-0.298*	-2.623	0.321*	6.146
四川	[1, -2.514, 2.094] (-13.762) (6.329)	0.170	1.038	0.329*	2.672	0.156	0.612
贵州	[1, -118.853, 480.894] (-4.987) (4.0870)	0.094	1.126	0.021*	3.186	-0.029	-0.196

续表

省份	标准化协整向量	对误差修正项的T检验					
		(1)		(2)		(3)	
		λ_1	T值	λ_2	T值	λ_3	T值
云南	[1, −0.880, −5.095] (−9.396) (−13.089)	−0.312*	−2.612	0.912	0.694	0.321*	2.952
宁夏	[1, −0.792, 3.103] (−4.164) (3.839)	−0.542*	−3.981	−0.574	−0.956	−0.029	−0.692
新疆	[1, −1.125, −1.112] (−3.095) (−1.257)	−0.068*	−3.892	0.512*	3.653	0.213*	3.123

注：(1) 协整向量形式为 [RI, RL, RS]，经过标准化的协整向量中取变量 RI 的系数为 1，小括号内的 T 值为相对应的 RL 和 RS 的系数的 T 值；(2) *表示通过了 5% 的显著水平检验。

（4）短期因果关系检验。对于农民收入水平与农村金融发展水平之间的短期因果关系，我们采用 VAR 模型下的格兰杰因果检验法进行验证，检验结果如表 5-9 所示。箭头表示因果关系的方向。从中可以看出，在 10% 的显著水平上，国内 28 个省份中有 15 个省份的农村金融机构信贷比率的提高是农民收入水平提高的 Granger 原因，它们分别是天津、河北、内蒙古、吉林、上海、江苏、浙江、福建、山东、湖北、湖南、广东、云南、青海和宁夏；有 12 个省份的农民收入水平的提高是农村金融机构信贷比率提高的格兰杰原因，它们分别是北京、内蒙古、吉林、黑龙江、山东、湖北、广东、广西、四川、贵州、甘肃和新疆，其中，内蒙古、吉林、山东、湖北、广东 5 个省份的农村金融机构信贷比率和农民收入水平之间是双向的因果关系。有 7 个省份的农村居民储蓄比率的提高是农民收入水平提高的格兰杰原因，它们分别是内蒙古、上海、江苏、山东、湖北、湖南和宁夏；有 6 个省份的农民收入水平提高是农村居民储蓄比率的提高的格兰杰原因，它们分别是北京、福建、湖南、广东、云南和陕西。从实证结果来看，农村金融机构信贷比率和农民收入水平之间存在较明显的双向格兰杰因果关系，而农村居民储蓄比率和农民收入水平之间的格兰杰因果关系不明显。农村居民储蓄比率的提高意味着农村有更多的储蓄可以转化为贷款，因此，只要更多的贷款中的一小部分能够投向农村地区，都将会产生巨大的收益；但是由于不同地区金融发展的"城乡二元结构"的存在，而且不同地区的金融城乡非均衡发展的程度不同，因此，农村居民储蓄比率和农民收入水平之间的短期因果关系在各地区间差异颇大，从而没有得出较一致的结论。

表 5-9　　格兰杰因果检验结果（农民收入与农村金融发展）

省份	自由度	格兰杰因果关系检验 χ^2 统计量（P 值）			
		RL→RI	RS→RI	RI→RL	RI→RL
北京	1	0.457 (0.467)	0.523 (0.492)	3.192 (0.076)*	5.152 (0.015)**
天津	2	17.23 (0.002)***	2.296 (0.421)	2.217 (0.391)	3.017 (0.201)
河北	1	18.328 (0.082)*	1.329 (0.327)	0.163 (0.812)	0.213 (0.536)
山西	1	0.672 (0.401)	0.031 (0.673)	1.092 (0.321)	1.598 (0.206)
内蒙古	1	6.041 (0.011)**	14.209 (0.001)***	4.063 (0.032)**	0.653 (0.402)
辽宁	2	2.296 (0.332)	2.396 (0.321)	0.201 (0.869)	1.862 (0.512)
吉林	1	3.192 (0.078)*	1.123 (0.176)	6.762 (0.008)***	0.072 (0.672)
黑龙江	1	0.676 (0.429)	1.652 (0.386)	3.832 (0.057)*	1.632 (0.402)
上海	2	7.093 (0.026)**	7.37 (0.016)**	4.482 (0.125)	1.291 (0.701)
江苏	1	14.236 (0.001)***	5.408 (0.027)**	0.710 (0.412)	1.842 (0.276)
浙江	1	10.983 (0.001)***	1.233 (0.303)	0.497 (0.592)	1.221 (0.313)
安徽	1	1.187 (0.321)	0.873 (0.387)	0.521 (0.476)	0.602 (0.509)
福建	2	5.089 (0.076)*	3.673 (0.321)	2.651 (0.219)	12.213 (0.003)***
江西	1	0.073 (0.652)	2.215 (0.253)	0.798 (0.321)	0.001 (0.893)
山东	1	17.165 (0.001)***	9.216 (0.002)***	3.976 (0.016)**	2.216 (0.213)
河南	1	2.231 (0.275)	0.587 (0.454)	2.327 (0.205)	2.219 (0.211)
湖北	1	7.095 (0.007)***	3.765 (0.026)**	8.104 (0.008)***	0.411 (0.497)

续表

省份	自由度	格兰杰因果关系检验χ^2统计量（P值）			
		RL→RI	RS→RI	RI→RL	RI→RL
湖南	2	12.178 (0.001)***	5.013 (0.079)*	1.612 (0.398)	7.763 (0.034)**
广东	1	3.098 (0.069)*	0.788 (0.431)	5.109 (0.034)**	3.189 (0.072)*
广西	1	2.298 (0.176)	0.005 (0.943)	7.129 (0.006)***	0.039 (0.763)
四川	2	0.697 (0.704)	0.588 (0.697)	10.564 (0.005)***	1.542 (0.604)
贵州	2	1.439 (0.692)	0.431 (0.913)	8.542 (0.015)**	0.785 (0.729)
云南	2	5.093 (0.064)*	3.103 (0.453)	1.114 (0.505)	11.291 (0.004)***
陕西	1	1.467 (0.303)	0.021 (0.876)	0.084 (0.803)	3.183 (0.069)*
甘肃	1	0.907 (0.428)	0.339 (0.631)	3.162 (0.074)*	1.603 (0.314)
青海	1	7.164 (0.006)***	2.842 (0.128)	0.183 (0.704)	0.006 (0.879)
宁夏	2	11.862 (0.002)***	8.652 (0.017)*	1.059 (0.619)	1.033 (0.527)
新疆	1	0.302 (0.587)	0.879 (0.421)	3.659 (0.072)*	0.389 (0.438)

注：*、**、***分别表示在10%、5%、1%的显著水平上显著。

5.3.2 中国城镇金融发展对农民收入增长的影响分析

根据上面章节对农民收入结构变化特征的分析，发现来自农民工资性收入即主要是农民的外出务工收入在农民整体收入中所占的比重越来越大，因此，影响和决定农民收入的因素应该由影响和决定农民家庭经营净收入和农民工资性收入这两种收入渠道的因素构成。鉴于此，除了农村金融发展对农民家庭经营净收入有重要影响以外，城镇金融发展也会通过影响城市产业结构的变化和农村剩余劳动力的转移等因素来影响农民收入，尤其是影响农民的外出务工收入。在此基础上，本书构建了城镇金融发展影响农民工资性收入的理论模型,分析认为城镇金融发展对农民工资性收入的增长有着重要影响。农村周围的城市经济和金融的发展决定了城镇可为外出打工农民提供的工作机会的多少,在农民家庭经营净收入增长空间狭小的情况下,农民可以在经济较发达的城市找到收入较高的工作,以促进农民工资性收入的增长。

5.3.2.1 回归模型的建立及指标的选取

为了实证分析中国各省份农民收入增长和城镇金融发展各指标值之间的关系,本章构建了如下的向量自回归(VAR)模型:

$$RI_t = c_{1,0} + \sum_{i=1}^{k} \pi_{11,i} RI_{t-i} + \sum_{i=1}^{k} \pi_{12,i} FD_{t-i} + \sum_{i=1}^{k} \pi_{13,i} FE_{t-i} + \sum_{i=1}^{k} \pi_{14,i} PF_{t-i} + \mu_{1,t}$$

$$FD_t = c_{1,0} + \sum_{i=1}^{k} \pi_{11,i} RI_{t-i} + \sum_{i=1}^{k} \pi_{12,i} FD_{t-i} + \sum_{i=1}^{k} \pi_{13,i} FE_{t-i} + \sum_{i=1}^{k} \pi_{14,i} PF_{t-i} + \mu_{1,t}$$

$$FE_t = c_{1,0} + \sum_{i=1}^{k} \pi_{11,i} RI_{t-i} + \sum_{i=1}^{k} \pi_{12,i} FD_{t-i} + \sum_{i=1}^{k} \pi_{13,i} FE_{t-i} + \sum_{i=1}^{k} \pi_{14,i} PF_{t-i} + \mu_{1,t}$$

在上述模型中,为了揭示城市金融发展与农民收入水平之间的关系,本章选取了下列指标,分别反映各省份农民收入水平状况、城镇金融发展水平和财政支农水平。

(1) RI 是代表农民收入水平的指标,用农村居民人均净收入的自然对数来衡量,我们用《中国统计年鉴》上各省份的农村居民人均净收入的数据衡量农民人均净收入,并且用农村消费价格指数对收入数据进行了消胀。同时,由于各省份的农村消费价格指数自1986年开始才有完整的统计数据,因此,我们研究的时间跨度为 1986~2017 年。

(2) 城镇金融发展水平的度量。与前面选取的指标相同,包括城镇金融发展规模和城镇金融发展效率指标,本部分使用了各省份的数据来分别计算城镇金融发展规模和城镇金融发展效率指标。

实际上,对于存在较明显地区差异的国家,各地区间金融发展水平也存在较大差异,具体体现为各地区间不同的金融系统运行效率、金融要素流动规模、金融市场容量和金融结构以及金融资产的存量和质量的差别等。同时,在一国内部各地区层面展开的实证研究会提供更微观的视角,展现更多的特殊性提供更加丰富多样的经验证据。因此,地区金融发展实证研究,不仅是对跨国研究的一个有益补充,也是为理论发展提供了全新的经验证据支持,进一步丰富和提升理论内涵。但是,对一个国家内部的地区金融发展进行实证研究并不多见。其原因，一方面在于这一研究的理论框架有待构建；另一方面也在于地区层面的数据资料获取难度较大，更缺乏合适的统计指标对地区金融发展的总量水平、扩张程度、不同地区间金融发展水平的差异程度进行准确、可行的度量。

在进行一国内部各地区的金融发展实证研究时，可借鉴上述思路，使用"地区金融相关比率"的概念来衡量各省份的城市金融发展规模，从而刻画一个国家内部各地区之间的金融发展规模的差异。但是，全部金融资产总量包括广义货币 M2、债券余额和股票市值三个部分，因此，在进行中国不同地区金融发展规模的度量时，由于缺乏各地 M2 和金融资产的统计数据，无法直接求出各省份金融资产总量与国内生产总值之比。同时考虑到中国存在一个明显的银行主导型金融结构，证券市场规模相对较小，因此，本章将存贷款的数据作为金融资产的一个窄的衡量指标。

(3) 财政支农指标（PF）。该指标作为影响农民收入水平的重要因素（李焕彰、钱忠好，2004）以及控制变量被引入上述模型。中国地方政府的财政支出分为基本建设拨款、支持农业生产和事业、文教科学卫生事业、企业挖潜改造和行政管理共五类，显然，地方政府支持农业生产和事业的支出是有利于农业发展和增加农民收入的。因此，以地方政府当年的支持农业生产和事业的支出在地方财政支出中所占的比重作为衡量财政支农水平的指标。

本部分 1986~2004 年的数据未经指明均取自《新中国五十五年统计资料汇编》，2005~2017 年的存贷款数据取自相应年份的《中国金融年鉴》，2005~2017 年的其他数据取自《中国统计年鉴》（2006~2018 年），本部分样本包括中国境内除海南、重庆、西藏以外的其他 28 个省（区、市）。

经济变量大都具有非平稳性，本书先将利用迪基和富勒（Dickey & Fuller）提出的考虑残差序列相关的 ADF 单位根检验法，检验变量的平稳性。如果变量是同阶单整的，那么我们将对相关变量进行协整检验以确定各省份金融发展和农民收入水平之间的长期均衡关系，并在协整关系的基础上，通过向量误差修正模型中误差修正项的显著性检验和格兰杰因果检验来分别验证长期因果关系和短期因果关系。

5.3.2.2 实证检验结果及相关分析

(1) 单位根检验。本部分所使用的数据均是时间序列变量，所以先应进行变量的平稳性检验。本章采用 ADF 单位根检验法对每个省份各变量序列的水平值和一阶差分进行平稳性检验。检验结果显示，我国绝大部分省份农村居民家庭人均净收入 RI、城镇金融发展规模指标 FD、城镇金融发展效率指标 FE 和财政支农指标 PF 这四个时间序列的水平值都是非平稳的，而它们的一阶差分序列在 10% 的显著性水平上都是平稳的，说明各省份的这四个时间序列变量都是一阶单整的，即为 I（1）过程。

（2）协整检验。在上述变量都是一阶单整的基础上，我们可以进一步进行基于向量自回归模型的 Johansen 协整检验来判断它们之间是否存在长期均衡关系，并进一步确定相关变量之间的符号关系。为了检验农民收入水平与城镇金融发展之间的长期关系，本章对国内 28 个省份 1986～2017 年农村居民家庭人均净收入 RI、城镇金融发展规模指标 FD、城镇金融发展效率指标 FE 和财政支农指标 PF 这四个变量进行了协整检验。

结果显示，除河北、山西、吉林、黑龙江、江西、陕西、甘肃和青海 8 个省份以外，有 20 个省份的这个变量在 5% 的显著水平上存在协整关系。在 20 个省份的标准化协整向量中，有 15 个省份城镇金融发展规模 FD 的系数为负，说明有 15 个省份的城镇金融发展规模与农民收入水平呈正向相关关系；有 10 个省份城镇金融发展效率 FE 的系数为负，说明有 10 个省份的城镇金融发展效率与农民收入水平呈正向相关关系。因此，从整体来看，城镇金融发展规模与农民收入水平正相关，说明城镇金融发展规模的提高伴随着农民收入的增加。这说明，尽管中国金融在城乡之间是非均衡发展的，为了实现计划经济时期优先发展重工业和经济转型时期国有经济在经济总量中相对比重的缓慢下降，中国金融系统内生于工业化和城市化的发展战略，对农村经济而言它是外生的，因此，在金融资源的分配上表现出了明显的城市化倾向，从农村汲取了大量的金融剩余以为城市工业化和国有工业提供资金支持，但是城镇金融发展规模的扩大在促进城市化和工业化的同时，促进了城市第二、第三产业的发展，从而为周围地区甚至更远地区的农民提供了更多的进城务工的机会，有利于农村剩余劳动力的转移，进而增加了农民的工资性收入，这与上一章建立的城镇金融发展影响农民的工资性收入的理论模型所得出的结论是相吻合的。另外，由于中国各地区的金融发展差异明显，银行中介的区域分割现象存在，因此，仍然有一些地区的城镇金融发展规模与农民收入增长负相关。从另一个角度来说，城镇金融发展效率与农民收入水平也是正相关的，这是因为金融发展效率的提高意味着有更多的储蓄转化为贷款，因而只要更多的贷款中的一小部分能够投向能够吸纳大量农村劳动力的第三产业,将会产生巨大的收益,所以随着城镇金融发展效率的提高,农民在城镇地区找到工作的概率会得到提高,农民在城镇地区获得的工资性收入也会增加,从而有助于农民整体收入水平的提升。

(3) 长期因果关系检验。农民收入水平、城镇金融发展规模和城镇金融发展效率之间存在协整关系,意味着它们之间存在长期均衡关系,但这并不能确定它们之间一定存在长期因果关系。以往的研究大多只是基于格兰杰 (Granger) 因果检验法考察了基于中国整体的农民收入水平与金融发展水平之间的短期因果关系,对于长期因果关系未做讨论。而对于长期因果关系的验证,我们可以通过对向量误差修正模型 (VECM) 中误差修正项的显著性检验来实现,即如果变量间存在协整关系,可以建立向量误差修正模型,然后对误差修正项 (ECT) 进行 T 检验来判断变量间的长期因果关系。在各省份城镇金融发展规模、城镇金融发展效率和农民收入之间存在协整关系的基础上,我们构建以下的误差修正模型 (VECM):

$$\Delta RI_t = \partial_{1,0} + \sum_{i=1}^{k-1} \theta_{11,i} \Delta RI_{t-i} + \sum_{i=1}^{k-1} \theta_{12,i} \Delta FD_{t-i} + \sum_{i=1}^{k-1} \theta_{13,i} \Delta FE_{t-i}$$
$$+ \sum_{i=1}^{k-1} \theta_{14,i} \Delta PF_{t-i} + \rho_1 ECT_{t-1} + \mu_{1,t}$$

$$\Delta FD_t = \partial_{2,0} + \sum_{i=1}^{k-1} \theta_{21,i} \Delta RI_{t-i} + \sum_{i=1}^{k-1} \theta_{22,i} \Delta FD_{t-i} + \sum_{i=1}^{k-1} \theta_{23,i} \Delta FE_{t-i}$$
$$+ \sum_{i=1}^{k-1} \theta_{24,i} \Delta PF_{t-i} + \rho_2 ECT_{t-1} + \mu_{2,t}$$

$$\Delta FE_t = \partial_{3,0} + \sum_{i=1}^{k-1} \theta_{31,i} \Delta RI_{t-i} + \sum_{i=1}^{k-1} \theta_{32,i} \Delta FD_{t-i} + \sum_{i=1}^{k-1} \theta_{33,i} \Delta FE_{t-i}$$
$$+ \sum_{i=1}^{k-1} \theta_{34,i} \Delta PF_{t-i} + \rho_3 ECT_{t-1} + \mu_{3,t}$$

在误差修正方程中,如果 ρ_1 为负值且显著,则从长期来看,农民收入水平的变动缘于城镇金融发展规模和城镇金融发展效率的变化;如果 ρ_2 显著为负且协整向量中 FD 的系数为正,或者 ρ_2 显著为正且协整向量中 FD 的系数为负,则农民收入水平的提高在长期内导致了城镇金融发展规模的变动;如果 ρ_3 显著为负且协整向量中 FE 的系数为正,或者 ρ_3 显著为正且协整向量中 FE 的系数为负,则农民收入水平的提高在长期内导致了城镇金融发展效率的变动。

表 5 – 10 显示的是各省份农民收入水平 RI、城镇金融发展规模 FD 和城

镇金融发展效率 FE 之间的协整向量及对误差修正项的 T 检验值。在对误差修正项的 T 检验一栏中，第（1）列是 ρ_1 的值和 T 检验值，第（2）列是 ρ_2 的值和 T 检验值，第（3）列是 ρ_3 的值和 T 检验值。从表 5-10 中可以看出，相关变量间存在协整关系的 20 个省份中，有 15 个省份（北京、天津、内蒙古、辽宁、上海、江苏、浙江、福建、山东、湖北、湖南、广东、四川、贵州和宁夏）的 ρ_1 值在 5% 的显著水平上显著为负，说明这 15 个省份的城镇金融发展规模和城镇金融发展效率的变动在长期内促进或者遏制了农民收入水平；有 11 个省份（北京、辽宁、上海、安徽、河南、湖北、湖南、广西、四川、贵州和新疆）的农民收入水平提高是城镇金融发展规模扩大的长期原因；有 7 个省份（江苏、浙江、湖南、广东、广西、云南和新疆）的农民收入水平提高是城镇金融发展效率提高的长期原因。因此，从整体上看，城镇金融发展水平和农民收入水平的长期因果关系明显。在影响农民收入水平的众多因素中，从整体上看，城镇金融发展是农民收入水平提高的长期原因之一，但同时由于中国城镇金融发展在地区间的非均衡性显著，从而导致部分省份的城镇金融发展并不是农民收入水平提高的长期原因这一结论。

表 5-10　协整向量和对误差修正项的 T 检验（农民收入与城镇金融发展）

省份	标准化协整向量	对误差修正项的 T 检验					
		（1）		（2）		（3）	
		ρ_1	T 值	ρ_2	T 值	ρ_3	T 值
北京	[1, -0.187, -0.902] (-24.192) (-15.192)	-2.821*	-3.102	6.392*	3.381	-0.201	-0.201
天津	[1, -0.401, 0.512] (-2.019) (1.873)	-2.201*	-4.203	0.321	0.321	0.419	1.037
内蒙古	[1, -0.302, -2.192] (-2.965) (-5.879)	-0.301*	-3.102	-0.192	-0.872	-0.213	-0.839
辽宁	[1, 5.192, -9.021] (5.112) (-4.492)	-0.102*	-2.542	-0.901*	-3.486	-0.028	-1.102
上海	[1, -2.652, -0.792] (-6.192) (-1.673)	-0.206*	-2.892	0.402*	4.294	-0.028	-0.693
江苏	[1, -1.112, 1.201] (-4.302) (4.673)	-0.492*	-3.105	-0.031	-0.217	-0.312*	-3.294
浙江	[1, -0.319, 0.201] (-4.392) (1.102)	-0.621*	-5.694	-0.412	-1.201	-0.402*	-2.512

续表

省份	标准化协整向量	对误差修正项的 T 检验					
		(1)		(2)		(3)	
		ρ_1	T 值	ρ_2	T 值	ρ_3	T 值
安徽	[1, -5.214, 1.102] (-8.291) (0.901)	-0.075	-0.712	0.264*	2.902	-0.024	-0.682
福建	[1, -3.217, 0.286] (-7.763) (2.873)	-0.386*	-2.715	0.205	0.596	0.653	1.762
山东	[1, -2.777, 3.041] (-10.863) (10.281)	-0.485*	-4.526	0.018	0.263	0.004	0.062
河南	[1, 1.286, -1.478] (2.182) (-1.785)	-0.0792	-0.652	-0.462*	-3.587	-0.204*	-3.625
湖北	[1, 19.674, -26.092] (3.452) (-5.291)	0.053*	4.871	-0.032*	-3.397	-0.007	-1.037
湖南	[1, -4.604, 3.195] (-4.309) (3.189)	-0.007*	-3.496	0.083*	3.438	-0.075*	-3.238
广东	[1, 2.217, -4.438] (5.653) (-7.629)	0.742*	4.203	-0.039	-0.428	0.215*	4.319
广西	[1, 7.218, -9.984] (8.653) (-10.328)	0.049	0.567	-0.316*	-2.619	0.294*	7.768
四川	[1, -2.438, 2.105] (-13.547) (6.195)	0.326*	3.312	0.428*	2.450	0.166	2.500
贵州	[1, -128.642, 467.127] (-3.764) (3.863)	0.023*	2.827	0.006*	3.673	-0.002	-0.629
云南	[1, -0.720, -4.764] (-8.659) (-11.732)	-0.328	-0.649	0.198	0.765	0.405*	2.862
宁夏	[1, -1.175, 2.542] (-3.549) (3.210)	-0.793*	-4.176	-0.762	-2.458	-0.036	-0.649
新疆	[1, -2.216, -0.863] (-2.458) (-1.216)	-0.082	-0.198	0.403*	3.614	0.519*	3.236

注：(1) 协整向量形式为 [RI, FD, FE]，经过标准化的协整向量中取变量 RI 的系数为 1，小括号内的 T 值为相对应的 FD 和 FE 的系数的 T 值；(2) *表示通过了 5% 的显著水平检验。

（4）短期因果关系检验。对于农民收入水平与城镇金融发展水平之间的短期因果关系，我们采用 VAR 模型下的格兰杰因果检验法进行验证，检验结果如表 5-11 所示。箭头表示因果关系的方向。从中可以看出，在 10% 的显著水平上，国内 28 个省份中有 15 个省份的城镇金融发展规模扩大是农民收入水平提高的格兰杰（Granger）原因，它们分别是天津、河北、内蒙古、吉林、上海、江苏、浙江、福建、山东、湖北、湖南、广东、云南、青海和宁夏；有 12 个省份的农民收入水平的提高是城镇金融发展规模的扩大的格兰杰原因，它们分别是北京、内蒙古、吉林、黑龙江、山东、湖北、广东、广西、四川、贵州、甘肃和新疆，其中，内蒙古、吉林、山东、湖北、广东 5 个省份的城镇金融发展规模和农民收入水平之间是双向的因果关系。有 7 个省份的城镇金融发展效率的提高是农民收入水平提高的格兰杰原因，它们分别是内蒙古、上海、江苏、山东、湖北、湖南和宁夏；有 6 个省份的农民收入水平提高是城镇金融发展效率提高的格兰杰原因，它们分别是北京、福建、湖南、广东、云南和陕西。从实证结果来看，城镇金融发展规模和农民收入水平之间存在较明显的双向格兰杰因果关系，而城镇金融发展效率和农民收入水平之间的格兰杰因果关系不明显。

城镇金融发展效率的提高意味着有更多的储蓄转化为贷款，因此，只要更多的贷款中的一小部分能够投向需要大量劳动力的第三产业，都将会产生巨大的收益；但同时由于中国城镇金融发展效率在不同地区之间的差异性显著，从而导致在所有省份中并没有得出完全一致的结论，这也进一步印证了中国金融发展水平和金融发展效应的地区差异性，从而为实行不同的金融政策提供了经验证据。

表 5–11　格兰杰因果检验结果（农民收入与城镇金融发展）

省份	自由度	格兰杰因果关系检验 χ^2 统计量（P 值）			
		FD→RI	FE→RI	RI→FD	RI→FE
北京	1	0.739 (0.395)	0.820 (0.386)	3.165 (0.054)*	5.219 (0.021)**
天津	2	8.105 (0.002)***	2.072 (0.406)	3.037 (0.319)	3.421 (0.217)
河北	1	2.872 (0.069)*	1.296 (0.418)	0.069 (0.638)	0.205 (0.714)
山西	1	0.837 (0.407)	0.037 (0.642)	1.718 (0.297)	1.821 (0.208)
内蒙古	1	4.995 (0.018)**	14.205 (0.006)***	4.452 (0.037)**	0.851 (0.439)
辽宁	2	2.196 (0.275)	2.873 (0.413)	0.203 (0.852)	1.962 (0.387)
吉林	1	3.104 (0.074)*	1.658 (0.201)	6.632 (0.008)***	0.079 (0.682)

续表

省份	自由度	格兰杰因果关系检验 χ^2 统计量（P 值）			
		FD→RI	FE→RI	RI→FD	RI→FE
黑龙江	1	0.903 (0.431)	1.439 (0.303)	3.579 (0.061)*	1.087 (0.402)
上海	2	7.097 (0.036)**	8.275 (0.026)**	4.649 (0.123)	1.274 (0.604)
江苏	1	14.652 (0.002)***	4.983 (0.041)**	0.652 (0.387)	1.783 (0.205)
浙江	1	10.549 (0.002)***	1.651 (0.317)	0.742 (0.375)	1.326 (0.306)
安徽	1	1.302 (0.328)	0.832 (0.521)	0.359 (0.387)	0.726 (0.365)
福建	2	3.296 (0.073)*	2.438 (0.197)	2.265 (0.189)	11.905 (0.004)***
江西	1	0.103 (0.549)	2.218 (0.138)	0.796 (0.402)	0.001 (0.873)
山东	1	16.875 (0.001)***	8.873 (0.005)***	5.994 (0.029)**	1.875 (0.206)
河南	1	1.874 (0.216)	0.649 (0.478)	2.108 (0.184)	2.165 (0.104)
湖北	1	7.206 (0.006)***	4.514 (0.041)**	7.196 (0.005)***	0.406 (0.327)
湖南	2	13.031 (0.004)***	5.186 (0.079)*	1.642 (0.376)	7.632 (0.031)**
广东	1	3.256 (0.069)*	0.916 (0.428)	5.095 (0.031)**	3.413 (0.064)*
广西	1	2.185 (0.204)	0.003 (0.796)	7.074 (0.005)***	0.102 (0.658)
四川	2	0.821 (0.741)	0.817 (0.679)	10.216 (0.004)***	0.986 (0.351)
贵州	2	1.387 (0.402)	0.402 (0.597)	8.643 (0.028)**	1.175 (0.439)
云南	2	5.186 (0.068)*	3.093 (0.326)	1.169 (0.437)	11.264 (0.004)***
陕西	1	1.638 (0.196)	0.031 (0.698)	0.065 (0.537)	3.178 (0.065)*

续表

省份	自由度	格兰杰因果关系检验 χ^2 统计量（P值）			
		FD→RI	FE→RI	RI→FD	RI→FE
甘肃	1	0.972 (0.287)	0.503 (0.362)	2.974 (0.074)*	1.385 (0.189)
青海	1	7.264 (0.004)***	2.326 (0.327)	0.430 (0.379)	0.002 (0.860)
宁夏	2	10.083 (0.005)***	8.294 (0.026)*	1.185 (0.520)	1.105 (0.598)
新疆	1	0.502 (0.394)	0.731 (0.397)	3.328 (0.061)*	0.539 (0.439)

注：*、**、*** 分别表示在10%、5%、1%的显著水平上显著。

5.4 本章小结

本章通过分别对1986~2017年中国各地区农民收入与农村金融发展水平和城镇金融发展水平关系的研究得出以下实证结论。

实证检验结果表明，人均农村固定资产投资、农村劳动力的人力资本存量、产业结构、农村劳动力转移与农民收入之间均存在着显著的正相关性。

农村储蓄比率和农村信贷比率对人均农村固定资产投资的正向作用较为显著，尤其是农村信贷比率对人均农村固定资产投资的正向作用最大；农村储蓄比率和农村信贷比率对农户人力资本投资的正向作用最为显著；第二、第三产业增加值占GDP的比重与农村储蓄比率和农村信贷比率的相关性不明显，而与城镇金融发展规模和城镇金融发展效率的正相关的，其中，城镇金融发展效率的正面作用最为显著；农村劳动力转移与农村储蓄比率和农村信贷比率都是负相关的，而与城镇金融发展规模和城镇金融发展效率都是正相关。

从整体上看，农村金融发展与农民收入之间存在着相关关系，但是农村居民储蓄比率与农民收入水平成负向相关关系；农村金融机构信贷比率与农民收入水平呈正向相关关系；农村金融机构信贷比率和农村居民储蓄比率与农民收入的长期因果关系明显；农村金融机构信贷比率和农民收入水平之间存在较明显的双向短期格兰杰因果关系，而农村居民储蓄比率和农民收入水平之间的短期格兰杰因果关系不明显。

从整体上看，城镇金融发展规模与农民收入水平之间存在正向相关关系，城镇金融发展效率与农民收入水平之间也存在正向相关关系；城镇金融发展规模和城镇金融发展效率的变动在长期内促进了农民收入水平的提高；城镇金融发展规模和农民收入水平之间存在较明显的双向格兰杰因果关系，而城镇金融发展效率和农民收入水平之间的格兰杰因果关系不明显。

实证研究结果与上一章的理论分析结论是相一致的，表明目前中国的金融发展在结构和功能上与增加农民收入、缩小城乡收入差距的要求是不协调的；同时也说明金融发展的门槛效应使得低收入阶层难以享受金融服务，从而更进一步拉大了城乡收入差距。

第6章 结论、政策建议及研究展望

6.1 相关结论

影响和决定农民收入的因素应该由影响和决定农村居民家庭经营净收入和农民工资性收入这两种收入渠道的因素构成。有鉴于此，除了农村金融发展对农民来自农村的收入有重要影响以外，城镇金融发展也会通过影响资本存量、产业结构的变化和农村劳动力的转移来影响农民收入，尤其是影响农民工资性收入。本书分别通过构建理论模型分析了农村金融发展影响农村居民家庭经营净收入的影响渠道和城镇金融发展影响农民工资性收入的影响渠道，即农村金融发展和城镇金融发展主要通过影响农村物质资本投资、农户人力资本投资、城镇产业结构变化和农村剩余劳动力转移来影响农村居民家庭经营净收入和农民工资性收入，从而最终影响农民整体收入。

本书分析了中国农民收入水平的农民收入结构的变迁过程，发现农民工资性收入在农民整体收入中所占的比重越来越大。本书首先实证检验了农村物质资本投资、农户人力资本投资、产业结构变化和农村剩余劳动力转移对中国农民收入增长的影响；其次实证检验中国农村金融发展和中国城镇金融发展对农村物质资本投资、农户人力资本投资、产业结构变化和农村剩余劳动力转移的影响效应；最后对中国农村金融发展和中国城镇金融发展对农民收入的作用进行检验。实证检验结果表明，人均农村固定资产投资、农村劳动力的人力资本存量、产业结构、农村劳动力转移与农民收入之间均存在着显著的正相关性。农村储蓄比率和农村信贷比率对人均农村固定资产投资和农户人力资本投资的正向作用显著；第二、第三产业增加值占 GDP 的比重与城镇金融发展规模和城镇金融发展效率的正相关，其中，城镇金融发展效率的正面作用最为显著；农村劳动力转移与农村储蓄比率和农村信贷比率都是负相关的，而与城镇金融发展规模和城镇金融发展效率都是正相关。从整体上看，农村居民储蓄比率与农民收入水平成负向相关关系；农村金融机构信贷比率与农民收入水平呈正向相关关系；农村金融机构信贷比率和农村居民储蓄比率与农民收入的长期因果关系明显；农村金融机构信贷比率和农民收入水平之间存在较明显的双向短期格兰杰因果关系，而农村居民储蓄比率和农民收入水平之间的短期格兰杰因果关系不明显；从整体上看，城镇金融发展规模与农民收入水平之间存在正向相关关系，城镇金融发展效率与农民收入水平之间也存在正向相关关系；城镇金融发展规模和城镇金融发展效率的变动在长期内促进了农民收入水平的提高；城镇金融发展规模和农民收入水平之间存在较明显的双向格兰杰因果关系，而城镇金融发展效率和农民收入水平之间的格兰杰因果关系不明显，从而进一步丰富金融发展和农民收入增长关系的研究成果，为进一步的研究提供新的经验性证据。

6.2 政策建议

正如中国人民银行前行长周小川（2004）所说，"如果将'三农'比喻为人的机体，农村金融则是机体中的重要器官，取之于机体又服务于机体，而不是一个体外的支持器械，可以只管用，不管养"。因此，为了更好地发挥我国金融体系尤其是农村金融体系对农民收入分配的支持作用，我们需要通盘考虑，需要把农村金融体系建设放到"三农"建设乃至全国经济社会建设的大环境中去考察。

6.2.1 加强农村金融产权制度建设，激发金融主体活力

根据制度经济学的理论，产权的明确界定和有效保护是降低交易费用、提高交易效率的首要条件。我们对产权的解释尚不全面，最典型的是在农村金融机构中股东在法人治理结构中的核心地位没有得到应有的重视和体现，尤其是在股权结构安排中，股东作用弱化，理事会和监事会形同虚设，内部人控制现象依然严重。因此，我国农村金融产权制度的缺陷严重阻碍了农村金融机构的长远发展，挫伤了农村金融主体的活力。

完善农村金融产权制度的根本在于切实保障农村金融机构投资主体的责权利，在强调权和利的同时，同样要求承担相应的责任，而不是把所有的责任都由中央政府或地方政府承担，从而实现农村金融产权的完整化。

6.2.2 大力发展新型农村金融机构和农村小额信贷

6.2.2.1 大力发展新型农村金融机构

到目前为止，中国农村经济体系中依然存在大量的小农经济[①]，显然，由于相对于大银行而言，中小银行在向小规模农户和中小企业提供融资服务上更具比较优势，因此，农村合适的金融结构应该以中小金融机构为主。理想的农村金融机构应该能够为这些农村的中小农户和中小企业提供充分的金融服务。

在农村信用社改革如火如荼地展开的同时，中央对于新型农村金融机构的建设也做出了重要的规划。近年来，中央对农村金融改革做出了一系列重要部署，农村金融体制改革不断深化，新型农村金融机构的发展取得突破。监管部门也提出要积极支持和引导境内银行资本、产业资本和民间资本到农村地区投资、收购、新设村镇银行、信用合作组织等银行类金融机构。2007年2月，银监会放宽了民营资本进入村镇银行的限制，这标志着农村金融市场正式向民营资本开放。目前，已建立农村合作银行、农村商业银行、村镇银行、贷款公司、农村资金互助社等新型的农村金融机构，由此可见，农村金融的多元化发展已经呈现出了良好的势头，而且对农村经济发展和农民收入的增长也起到了一定的作用。另外，民间自发的金融合作，互助会及其他的自发的借贷行为也可以成为在适当监管下适合农村现阶段经济基础的金融制度安排。

6.2.2.2 大力发展小额信贷

中国是一个典型的二元经济，中国的收入分配差距更多地也是体现在城乡收入差距上。因此，缩小城乡差距的一个重要途径就是给"三农"以金融支持。而小额信贷的试点与推行，正是克服了金融市场本身"嫌贫爱富"的不足，为农村金融的发展摸索出了一条较为成功的路子。为了更好地发挥小

---

① 中国农村经济的基本单位是那些中小规模的农户、民营企业以及乡镇企业。

额信贷的降低贫困效应，应该建立适合国情的小额信贷机构，可以向国内外金融机构开展融资业务，获取利息收入，并与正规商业银行相结合，保留原农村合作基金会的部分特点，从而实现管理和融资相结合，社区性、股份经济和合作经济相兼容，这样的小额信贷机构更容易克服交易成本过高的难题，更能满足农户的贷款需求，从而在很大程度上增加对农户的信贷支持，有利于增加农民收入和缩小城乡收入差距。

6.2.2.3 继续深化农村信用社改革

中国农村信用合作社是分支机构最多的农村正规金融机构，分支机构遍及几乎所有的乡镇甚至农村，是农村正规金融机构中向农村和农业经济提供金融服务的核心力量，在农村金融对农民收入增长发挥作用的过程中发挥着至关重要的作用，因此，继续全方位地推进农村信用社改革是必不可少的。

不过，有关针对农村信用合作社改革的各种方案，客观上容易造成农村金融机构向中大型化发展。因此，在农村信用合作社改革进程中，必须注意农村信用合作社发挥作用的有效边界。例如，一些学者认为，信用合作社的最有效边界就是村落的边界。突破了村落的地缘和血缘边界，信息不对称就会产生，借贷风险也会大幅增加（何广文、冯兴元和李莉莉，2003）。在前面多次改革的基础上，2003年6月，国务院发布了《深化农村信用社改革试点方案的通知》，从此开启了农村信用社的企业化和商业化改革之路。2003年11月底，农村信用社改革试点工作在8省份（浙江、山东、江西、贵州、吉林、重庆、陕西和江苏）展开。2005年，农村信用社改革扩大到国内29个省份（海南和西藏除外）。在农村信用社管理方面，逐步将农村信用社的管理责任移交省级政府，初步明确了地方政府对农村信用社的管理职责。农村信用社逐步成为服务于农村地区的重要地方性金融机构。但是目前我国农村信用社存在着治理结构不完善、服务"三农"的目标和营利性目标之间的矛盾、进一步处理好地方政府和农村信用社的关系等难题，需要在未来的农村信用社改革中进行解决和完善。为强化金融支持乡村振兴战略，2017年中央经济工作会议指出要"健全适合农业农村特点的农村金融体系，强化金融服务方式创新，提升金融服务乡村振兴能力和水平"。具体来说，为了实现农村信用社的支农目标，应该进行相应的政策倾斜，完善有关优惠政策；为了优化农村信用社的公司治理机制，走好股份制和商业化之路，应该优化股权结构，必要时可以考虑引进战略投资者来推进法人治理机制的完善，充分发挥"三会一层"在法人治理结构中的作用；加快农村信用社的产品和服务创新，立足市场，满足不同客户的金融需求；完善信息披露机制等。

6.2.2.4 实现农村正规金融和农村非正规金融的竞争与互补

做好对非正规金融的引导和适当监管，从而使不同的农村金融制度安排之间出现良性竞争的局面是十分必要的。只有在有足够竞争的前提下，才能有效扩大金融服务规模，提高金融服务效率，满足农村融资需求；才能有足够的信息去判断不同金融机构的经营业绩，从而解决由于信息不对称所导致的道德风险问题。引导和规范发展非正规金融是在农村金融发展中实现充分、自由竞争的合理制度选择。另外，只要有合适的配套改革措施，引导和适当发展非正规金融并不一定会对农村信用社等正规金融机构的经营造成很大的冲击。

继续加大对农村正规金融机构的改革，引导农村非正规金融规范化成长。在增加农村信贷投入方面，应大力推行农业保险，积极探索金融工具创新，从而增加对农民的信贷发放；在农村金融市场主体的培育方面，继续推行符合条件的农村信用社直接组建为农村商业银行，同时要做好对农村非正规金融的鼓励和监管，从而推动农村金融市场的正常发育，加快农村和农业领域的市场化进程，促进农村经济结构的调整和农民收入的增加。

非正规金融在我国农村很多地区蓬勃发展，其作用甚至已经超过正规金融，但却一直不具有合法地位。关于国家应当如何对待非正规金融活动，理论界较为普遍的看法是，不应简单地限制甚至取缔各种非正规金融活动，而应正视其产生的经济社会背景，正视其存在的客观现实，从"地下"走到"地上"来，更多地从政策上进行适度创新与规范。这种引导规范的目的不是借此增加国家的税收或者有关部门获取的租金，而是为了减少非正规金融活动的不确定性，进一步降低非正规金融交易双方的成本，控制可能出现的金融风险和社会危害。通过政府政策的引导规范，使我国农村非正规金融的需求尾随型模式转变为在政府指导下的供给引导型发展模式，从而推动农村经济增长和农民增收。为了实现正规金融和非正规金融的和谐发展，本书认为应该做到以下七点。

第一，应将非正规金融纳入法制的轨道，给非正规金融提供一个合法的活动平台，制定非正规金融制度的相关法律。合法化可以减少它在逃避管制中发生的成本，也减少了非正规金融采取不正当手段破坏社会法制和道德环境所带来的危害。

第二，放开利率，使非正规金融与正规金融在同一基础上竞争与合作。利率市场化是指政府逐步放松和取消对利率的直接管制，由资金供求双方自主确定利率，以达到资金优化配置的目的。这样做的好处有：一是利率水平由市场供求决定；二是中央银行通过货币政策对利率进行间接调控；三是市场主体在充分竞争的基础上自主决定资金交易对象、规模、价格、期限和融资条件。

第三，对非正规金融实行契约制，加强监管。根据各地不同情况，按交易金额、地域范围和参与人数等标准设置非正规金融交易的规模边界，对低于边界规模的非正规金融交易实行自由登记制度，而超过边界规模的非正规金融交易都必须实行登记制度，订立契约文书并经过公证，以解决非正规金融交易因为规模扩大导致的信息不对称及交易者出现"搭车"问题所导致的机会主义行为。

第四，改造非正规金融，发展社区合作。规范非正规金融，可以尝试使之成为社区合作式金融，政府一方面可以通过法律形式强调这种经过规范改造的合作金融是社区合作组织内部的、不以营利为唯一目的非银行金融机构；另一方面可以引导社区合作金融组织承接政府支农资金，也可以作为农业开发银行政策资金在乡村基层的承接载体或二次转贷单位。这样既能够保证国家农业资金至少能够直接投入基层农村，又能够加快对民间金融向社区合作金融的改制。在信用保障问题上，把社区合作金融与社区集体财产紧密联系起来作为信用基础，并且利用社会关系加强借贷资金的风险防范。

第五，继续推进各种农业保险。农业是高风险的弱质产业，目前，我国农村地区的农业基本上是靠天吃饭的，自然灾害具有不可抗力性和周期性，灾后农业若得不到信贷资金扶持是无法恢复生产的。而农业保险又是我国保险业的空白点，这显然与我国农业发展政策不相适应。但是自然灾害频繁对我国农业发展构成太大的威胁，导致金融业不敢也不愿意涉足农业，对农业投资望而生畏。农业保险体系对于"三农"的意义非常重要。针对全国范围内农业保险日渐萎缩的状况，本书认为，解决我国信贷支农瓶颈的根本出路在于金融制度创新，应积极探索政府、农民、保险公司"三赢"的经营模式。必要时可以组建国家农业保险公司，用来承担商业性保险公司不愿意承保的农业保险，其资金来源分别来源于农民个人、保险公司和国家财政的转移支付，从而为对信贷支农提供更好的保障。建立符合我国国情的政策性农业保险制度以增强我国农业抵御自然灾害和承受风险的能力，从根本上改变我国农业灾害频繁而农业保险空缺的不合理现状，为信贷支农创造更为宽松的政策环境。

第六，创新贷款担保方式，解决农户和农村中小企业贷款担保难的问题。国内外实践证明，通过向农户和农村中小企业提供有效的担保形式，可以大大改善农村信用环境，促进信贷资金向农村流动。因此。我们要积极探索符合农户和农村中小企业实际情况的担保制度。在担保形式上，除传统的保证担保和不动产担保外，应探索动产抵押、仓单质押、权益质押等多种担保手段。例如尝试鱼塘抵押、山林承包权抵押、土地经营权抵押等贷款抵押方式。也可以推广农户联保贷款。在担保机构上，一是要鼓励政府出资的各类信用担保机构积极拓展符合农村特点的担保业务；二是要鼓励现有商业性担保机构开拓农村担保业务；三是要积极探索市场化的路子，吸引民间资本进入农村担保领域；四是要加大财税政策扶持力度。政府对信用担保机构初创期应予以财政资金重点扶持，同时也要发挥投资杠杆作用，引导社会资金投资发展担保业。总之，要通过多方努力，积极创新，从根本上解决农民贷款担保难的问题。

第七，培育区域金融中心，实行区域性的金融政策，促进地区金融均衡发展。根据各地区的实际情况，我们可以考虑培育区域性的金融增长极，发展区域金融中心。不同地区在经济发展水平和金融发展状况上的明显差异使我们可以考虑实施有区别的金融政策，以统筹区域金融和经济的协调发展，切实有效地发挥金融发展对城乡收入差距的改善功能。具体来说，可以尝试在不同地区实施不同的存款准备金率政策、不同的再贷款和再贴现政策，甚至实行有差别的贷款利率指导。一是实行有差别的存款准备金率政策。我国已实现了存款准备金率的机构差别。这是我国实行货币政策差异化的有效尝试。目前，可以考虑赋予人民银行大区行一定的存款准备金率浮动权，西部地区可以适当降低金融机构存款准备金率，东部地区可以适当提高准备金率，这样西部地区金融机构通过货币乘数放大货币供给，就有更多的资金用于信贷投放。二是制定有差别的再贷款和再贴现政策。通过适度放宽西部可贴现票据的种类，放宽再贴现条件，扩大票据贴现业务，有助于发挥资金的导向和结构调节功能；通过降低中央银行对西部地区金融机构再贷款和再贴现利率，增加再贷款、再贴现限额。适当延长再贷款期限，提高西部地区货币政策的传导效率。三是实行区域性利率政策。对中西部地区一些资金利润率比较低、银行贷差较大的落后地区，可以设置一些优惠利率，使其与西部企业的经济效益和承受能力相适应,降低企业的融资成本优惠贷款应遵循财政贴息的原则,以弥补西部地区金融机构由于贷款利率降低所带来的利润减少。在利率管理上实行分级管理和差别政策,在规定利率基准及浮动幅度的前提下,各区域具体的利率水平及内部结构等权限适当下放给各大区分行。四是因地制宜采取不同的货币政策工具。东部地区侧重于一般货币政策工具。而西部地区则应以一般性货币政策工具和选择性货币政策工具结合使用,多侧重选择性工具,提高货币政策的针对性。例如窗口指导,虽不具备法律效力,但也可向金融机构传达央行的政策信号,影响其信贷投放的数量和方向,实现对信用的控制和调节。同时,发展和完善中西部金融市场,拓宽中西部融资渠道。发展和完善中西部地方金融市场,疏通中小企业直接融资渠道,尽快建立欠发达地区创业投资体系。

6.3 研究展望

本书研究了金融发展对农民收入增长的影响,但是农村内部的收入差距也日益明显,农村内部收入差距也是整体收入分配差距的重要组成部分,因此,金融发展对农村居民收入差距的影响同样值得关注,这样我们就能更全面地廓清金融发展对农民收入的全面影响。

限于农村非正规金融的统计资料的不完备性,本书只是使用各地区的统计数据实证检验了农村正规金融发展和城镇正规金融发展对农民收入增长的影响效应。在以后的研究中,我们可以进一步对农村非正规金融的发展进行实地调研,从而获得第一手的资料来检验农村非正规金融对农民收入增长的影响。

总之,金融发展对农民收入的影响是一个很大的课题,还有许多相关的问题值得我们去研究。关注收入分配尤其是农民收入增长是构建和谐社会的不变主题,希望本书的研究能起到抛砖引玉的作用,能引起人们更多的思考。

参考文献

[1] [美] 艾伯特·赫希曼. 经济发展战略 [M]. 曹征海, 潘照东, 译. 北京: 经济科学出版社, 1991.

[2] 爱德华·肖. 经济发展中的金融深化 [M]. 邵伏军, 许晓明, 宋先平, 译. 上海: 格致出版社, 上海三联书店, 上海人民出版社, 2015.

[3] 艾路明. 小额信贷与缓解贫困 [M]. 北京: 经济科学出版社, 2000.

[4] 北京大学中国经济研究中心经济发展战略研究组 [Z]. 中国金融体制改革的回顾和展望. 2000.4, NO.C2000005.

[5] 彼罗·斯拉法. 大卫·李嘉图全集（第1卷）: 政治经济学及赋税原理 [M]. 郭大力, 王亚南, 译. 北京: 商务印书馆, 2013.

[6] 蔡昉, 杨涛. 城乡收入差距的政治经济学 [J]. 中国社会科学, 2000 (4): 11–22.

[7] 蔡昉, 都阳. 工资增长、工资趋同与刘易斯转折点 [J]. 经济学动态, 2011 (9): 9–16.

[8] 蔡昉, 都阳. 中国地区经济增长的趋同与差异——对西部开发战略的启示 [J]. 经济研究, 2000 (10): 30–37.

[9] 蔡昉. 中国收入差距和贫困研究: 我们知道什么, 我们应该知道什么 [C]. 中国社会科学院人口与劳动经济研究所工作论文系列四十二, 2005.

[10] 蔡继明. 中国城乡比较生产力与相对收入差距 [J]. 经济研究, 1998 (1): 11–19.

[11] 陈锋, 董旭操. 中国民间金融利率——从信息经济学角度的再认识 [J]. 当代财经, 2004 (9): 32–36.

[12] 陈伟国, 樊士德. 金融发展与城乡收入分配的库兹涅茨效应研究——基于中国省级面板数据的检验 [J]. 当代财经, 2009 (3): 44–49.

[13] 陈锡文. 把握农村经济结构、农业经营形式和农村社会形态变迁

的脉搏 [J]. 开放时代, 2012 (3): 112 – 115.

[14] 陈雪飞. 农村信用制度: 理论与实践 [M]. 北京: 中国经济出版社, 2005.

[15] 陈宗胜, 周云波. 再论改革与发展中的收入分配 [M]. 北京: 经济科学出版社, 2002.

[16] 陈宗胜. 改革、发展及收入分配 [M]. 上海: 复旦大学出版社, 1999.

[17] 程蕾. 民间金融实证研究——以温州为例 [J]. 财贸经济, 2004 (2): 39 – 42.

[18] 程名望, 史清华, Jin Yanhong, 盖庆恩. 农户收入差距及其根源: 模型与实证 [J]. 管理世界, 2015 (7): 17 – 28.

[19] 刁怀宏. 民营经济、民间金融与经济增长研究 [J]. 理论与改革, 2004 (2): 87 – 90.

[20] 杜朝运. 制度变迁背景下的农村非正规金融研究 [J]. 农业经济问题, 2001 (3): 23 – 27.

[21] 杜晓山, 等. 小额信贷原理及运作 [M]. 上海: 上海财经大学出版社, 2001.

[22] 杜兴端, 杨少垒. 农村金融发展与农民收入增长关系的实证分析 [J]. 统计与决策, 2011 (9): 120 – 122.

[23] 杜旭宇. 农民权益的缺失及其保护 [J]. 农业经济问题, 2003 (10): 10 – 13.

[24] 雷蒙德·戈德史密斯. 金融结构和金融发展 [M]. 周朔, 等, 译. 上海: 上海三联书店, 1990.

[25] 葛兆强. 区域经济差距的金融成因分析与政策选择 [J]. 金融理论与实践, 1997 (8): 3 – 6.

[26] 郭斌, 刘曼路. 民间金融与中小企业发展: 对温州的实证分析 [J]. 经济研究, 2002 (10): 40 – 46.

[27] 郭剑雄. 人力资本、生育率与城乡收入差距的收敛 [J]. 中国社会科学, 2005 (3): 27 – 37.

[28] 郭沛. 中国农村非正规金融规模估算 [J]. 中国农村观察, 2004 (2): 21 – 25.

[29] 郭沛. 中国贫困农户小额信贷研究 [D]. 北京: 中国农业大

学，1999.

[30] 郭沛. 农村非正规金融：内涵、利率、效率与规模 [C]. 中国农村金融改革学术研讨会论文集，2003.

[31] 郭庆旺，陈志刚，温新新，吕冰洋. 中国政府转移性支出的收入再分配效应 [J]. 世界经济，2016（8）：50-68.

[32] 郭书田. 中国农村：劳动力的分化及社会结构变化 [J]. 科技导报，1999（1）：6-9.

[33] 郭为. 民间金融、金融市场分割与经济增长 [J]. 现代经济探讨，2004（5）：49-52.

[34] 韩俊等. 小额信贷发展的国际经验 [R]. 国研网研究报告，2004-11-16.

[35] 韩廷春. 金融发展与经济增长—理论、实证与政策 [M]. 北京：清华大学出版社，2002.

[36] 何德旭等. 我国金融服务业存在的问题与发展之策 [N]. 中国经济时报，2006-02-21（10）.

[37] 何广文. 合作金融组织的制度性绩效探析 [J]. 中国农村经济，1999（2）：36-41.

[38] 何广文，李莉. 正规金融机构小额信贷运行机制及其绩效评价 [M]. 北京：中国财政经济出版社，2005.

[39] 何田. "地下经济"与管制效率：民间信用合法性问题实证研究 [J]. 金融研究，2002（11）：100-106.

[40] 贺力平. 合作金融发展的国际经验及对中国的借鉴意义 [J]. 管理世界，2002（1）：48-57.

[41] 尼尔斯·赫米斯，罗伯特·伦辛克. 金融发展与经济增长——发展中国家（地区）的理论与经验 [M]. 余昌淼，译. 北京：经济科学出版社，2001.

[42] 胡鞍钢，王绍光，康晓光. 中国地区差距报告 [M]. 沈阳：辽宁出版社，1995.

[43] 胡金焱，卢立香. 中国非正规金融研究的理论综述 [J]. 教学与研究，2005（9）：75-81.

[44] 胡金焱，张乐. 非正规金融与小额信贷，一个理论评述 [J]. 金融研究，2004（7）：123-131.

[45] 胡金焱. 中国农村非正规金融：金融的边缘化与制度创新 [R]. 复旦大学博士后研究工作报告, 2004.10.

[46] 胡宗义, 唐李伟, 苏静. 农村非正规金融发展对农民收入差异影响的实证研究 [J]. 广东金融学院学报, 2012 (3): 33-42.

[47] 黄季, 马恒运. 从资金流动看改革20年农业的基础作用 [J]. 改革, 1998 (5): 56-63.

[48] 黄季焜, 王晓兵, 智华勇, 黄珠容, Scott Rozelle. 粮食直补和农资综合补贴对农业生产的影响 [J]. 农业技术经济, 2011 (1): 4-12.

[49] 黄家骅, 谢瑞巧. 台湾民间金融的发展与演变 [J]. 财贸经济, 2003 (3): 91-94.

[50] 黄云鹏. 农业经营体制和专业化分工——兼论家庭经营与规模经济之争 [J]. 农业经济问题, 2003 (6): 50-55.

[51] 黄宗智, 彭玉生. 三大历史性变迁的交汇与中国小规模农业的前景 [J]. 中国社会科学, 2007 (5): 74-88.

[52] 霍丽娅. 从农民个人收入变化看农业种植业结构调整——四川省成都市龙泉驿区转龙村个案调查研究 [J]. 农村经济, 2006 (6): 39-41.

[53] 蒋和平, 吴桢培. 湖南省汨罗市实施粮食补贴政策的效果评价——基于农户调查资料分析 [J]. 农业经济问题, 2009 (11): 28-32.

[54] 姜旭朝. 中国民间金融研究 [M]. 济南: 山东人民出版社, 1996.

[55] 拉孜克·买买提, 张玉民. 法人治理结构缺损与体制性腐败: 农村信用社案件研究 [J]. 金融研究, 2002 (6): 118-122.

[56] 李宾, 马九杰. 农村劳动力转移、农业生产经营组织创新与城乡收入变化影响研究 [J]. 中国软科学, 2014 (7): 60-76.

[57] 李恩平. 利率参照与储蓄的动员、分配——一个两经济部门、二元金融市场的分析框架 [J]. 金融研究, 2002 (3): 46-55.

[58] 李汇东, 唐跃军, 左晶晶. 用自己的钱还是用别人的钱创新?——基于中国上市公司融资结构与公司创新的研究 [J]. 金融研究, 2013 (2): 170-183.

[59] 李鹏飞, 郑江淮. 金融发展理论的经验证据 [J]. 经济理论与经济管理, 2003 (11): 66-74.

[60] 李萍, 张道宏. 金融发展与地区经济差距 [J]. 统计研究, 2004 (12).

[61] 李实, 赵人伟. 中国居民收入分配再研究 [J]. 经济研究, 1999 (4): 3-17.

[62] 李实. 中国个人收入分配研究回顾与展望 [J]. 经济学季刊, 2003 (2): 379-404.

[63] 李实. 中国农村劳动力流动与收入增长和分配 [J]. 中国社会科学, 1999 (2): 16-33.

[64] 李伟毅, 胡士华. 农村民间金融: 变迁路径与政府的行为选择 [J]. 农业经济问题, 2004 (11): 28-31.

[65] 李学武, 李耀国. 规制非正规金融: 破解弱势群体融资难的市场化选择 [J]. 中国金融, 2005 (12): 32-34.

[66] 李祎雯, 张兵. 非正规金融对农村家庭创业的影响机制研究 [J]. 经济科学, 2016 (2): 93-105.

[67] 李英民. 结构、体制与政策: 金融支持农村经济发展的个案研究 [J]. 金融研究, 2001 (11): 33-38.

[68] 李勇等. 关于完善农村金融制度加大对三农金融支持若干问题的思考 [J]. 金融研究, 2005 (11): 1-10.

[69] 梁鸿飞. 垄断型信贷市场融资担保问题分析——以民营中小企业融资为例 [J]. 财经问题研究, 2005 (3): 20-27.

[70] 梁平汉. 金融市场不完善性、教育投资与不平等 [R]. 2005年中国经济学年会入选论文.

[71] 林伯强. 中国的经济增长、贫困减少与政策选择 [J]. 经济研究, 2003 (12): 15-25.

[72] 林毅夫, 蔡昉, 李周. 对赶超战略的反思 [J]. 战略与管理, 1994 (6): 1-12.

[73] 林毅夫, 蔡昉, 李周. 中国经济转型时期的地区差距分析 [J]. 经济研究, 1998 (6): 3-10.

[74] 林毅夫, 李永军. 发展中小金融机构, 促进中小企业发展 [Z]. 北京大学中国经济研究中心工作论文, 2000.10, NO. C2O00016.

[75] 林毅夫, 刘明兴. 中国的经济增长收敛与收入分配 [J]. 世界经济, 2003 (8): 3-14.

[76] 林毅夫, 刘培林. 中国的经济发展战略与地区收入差距 [J]. 经济研究, 2003 (3): 19-25.

[77] 林毅夫,孙希芳.信息、非正规金融与中小企业融资[J].经济研究,2005(7):35-44.

[78] 刘成,周晓时,陈莎莎,刘明迪,李谷成,李勤志,冯中朝.湖北省农业结构调整对农民收入的效应分析[J].中国农业大学学报,2017(9):201-211.

[79] 林毅夫,章奇,刘明兴.金融结构与经济增长:以制造业为例[J].世界经济,2003(1):3-21.

[80] 刘俊杰,张龙耀,王梦珺,许玉韫.农村土地产权制度改革对农民收入的影响——来自山东枣庄的初步证据[J].农业经济问题,2015(6):51-58.

[81] 刘敏楼.金融发展的收入分配效应——基于中国地区截面数据的分析[J].上海金融,2006(1):7-11.

[82] 刘民权,徐忠,俞建拖.信贷市场中的非正规金融[J].世界经济,2003(7):61-73.

[83] 刘玉春,修长柏.农村金融发展、农业科技进步与农民收入增长[J].农业技术经济,2013(9):92-100.

[84] 娄永跃.农村金融发展与农民收入增长问题研究[J].金融理论与实践,2010(5):46-50.

[85] 卢峰,姚洋.金融压抑下的法治、金融发展和经济增长[J].中国社会科学,2004(1):42-55.

[86] 陆磊.以行政资源和市场资源重塑三层次农村金融体系[J].金融研究,2003(6):106-114.

[87] 陆铭,陈钊.城市化、城市倾向的经济政策与城乡收入差距[J].经济研究,2004(6):50-58.

[88] 罗丹阳,王小敏.中国诱致性制度变迁路径分析:以民间金融为例[J].南方金融,2005(4):19-21.

[89] 罗纳德·麦金农.经济发展中的货币与资本[M].卢骢,译.上海:上海三联书店,1988.

[90] 冒佩华,徐骥.农地制度、土地经营权流转与农民收入增长[J].管理世界,2015(5):63-74.

[91] 米什金.货币金融学[M].北京:中国人民大学出版社,1998.

[92] 钱水土,许嘉扬.中国农村金融发展的收入效应——基于省级面

板数据的实证分析 [J]. 经济理论与经济管理, 2011 (3): 104 – 112.

[93] 任森春. 非正规金融的研究与思考 [J]. 金融理论与实践, 2004 (9): 9 – 12.

[94] 任旭华, 周好文. 中国民间金融的诱致性制度变迁 [J]. 华南金融研究, 2003 (3): 24 – 26.

[95] 沈坤荣, 孙文杰. 投资效率、资本形成与宏观经济波动 [J]. 中国社会科学, 2004 (6): 52 – 63.

[96] 盛洪. 让农民自己代表自己 [N]. 经济观察报, 2003 – 1 – 27.

[97] 宋元梁, 肖卫东. 中国城镇化发展与农民收入增长关系的动态计量经济分析 [J]. 数量经济技术经济研究, 2005 (9): 30 – 39.

[98] 苏士儒, 段成东, 李文靖, 姚景超. 从非正规金融发展看我国农村金融体系的重构——以宁夏盐池县、中宁县、同心县为例 [J]. 金融研究, 2005 (12): 131 – 144.

[99] 速水佑次郎, 弗农·拉坦. 农业发展的国际分析 [M]. 郭熙保, 张进铭, 译. 北京: 中国社会科学出版社, 2000.

[100] 谈儒勇. 非正式金融批判的批判 [J]. 甘肃社会科学, 2001 (1): 42 – 43.

[101] 托马斯·赫尔曼, 凯文·穆尔多克, 约瑟夫·斯蒂格利茨. 金融约束: 一个新的分析框架 [M]//青木昌彦等. 政府在东亚经济发展中的作用——比较制度分析. 北京: 中国经济出版社, 1998.

[102] 万海远, 田志磊, 徐琰超. 中国农村财政与村庄收入分配 [J]. 管理世界, 2015 (11): 95 – 105.

[103] 万文全. 中国收入差距与金融发展关系的实证分析 [J]. 江淮论坛, 2006 (1): 30 – 35.

[104] 王德文, 蔡昉. 宏观经济政策调整与农民增收 [J]. 中国农村观察, 2003 (4): 2 – 12.

[105] 王虎, 范从来. 金融发展与农民收入影响机制的研究——来自中国 1980 – 2004 年的经验证据 [J]. 经济科学, 2006 (6): 11 – 21.

[106] 王进诚, 辛树人. 发达地区农信社历史包袱的解决方案探讨 [J]. 金融研究, 2002 (11): 94 – 99.

[107] 王鹏飞, 彭虎锋. 城镇化发展影响农民收入的传导路径及区域性差异分析——基于协整的面板模型 [J]. 农业技术经济, 2013 (10): 73 – 79.

[108] 王霄, 张捷. 银行信贷配给与中小企业贷款——个内生化抵押品和企业规模的理论模型 [J]. 经济研究, 2003 (7): 68-75.

[109] 王晓毅. 农村工业化过程中的农村民间金融——温州市苍南县钱库镇调查 [EB/OL]. 中国农村研究网, 2003-5-3.

[110] 王志强, 孙刚. 中国金融发展规模、结构、效率与经济增长关系的经验分析 [J]. 管理世界, 2003 (7): 13-20.

[111] 魏克塞尔. 利息与价格 [M]. 蔡受百, 程伯撝, 译. 北京: 商务印书馆, 1959.

[112] 温涛, 冉光和, 熊德平. 中国金融发展与农民收入增长 [J]. 经济研究, 2005 (9): 30-43.

[113] 温涛, 朱炯, 王小华. 中国农贷的"精英俘获"机制: 贫困县与非贫困县的分层比较 [J]. 经济研究, 2016 (2): 111-125.

[114] 温铁军. 农户信用与民间借贷课题主报告: 农户信用与民间借贷研究 [R]. 中经网50人论坛, 2001-6-7.

[115] 肖龙铎, 张兵. 金融可得性、非农就业与农民收入——基于CHFS数据的实证研究 [J]. 经济科学, 2017 (2): 74-87.

[116] 向国成, 韩绍凤. 对杨—黄"斯密—科斯"模型的扩展: 一个纵向产业组织的基本模型 [J]. 产业经济评论, 2007 (12): 1-11.

[117] 解垩. 公共转移支付和私人转移支付对农村贫困、不平等的影响: 反事实分析 [J]. 财贸经济, 2010 (12): 56-61.

[118] 解维敏, 方红星. 金融发展、融资约束与企业研发投入 [J]. 金融研究, 2011 (5): 171-183.

[119] 辛岭, 王艳华. 农民受教育水平与农民收入关系的实证研究 [J]. 中国农村经济, 2007 (S1): 93-100.

[120] 许崇正, 高希武. 农村金融对增加农民收入支持状况的实证分析 [J]. 金融研究, 2005 (9): 173-185.

[121] 亚当·斯密. 国富论 [M]. 郭大力, 王亚南, 译. 北京: 商务印书馆, 2015.

[122] 杨俊, 李晓羽, 张宗益. 中国金融发展水平与居民收入分配的实证分析 [J]. 经济科学, 2006 (2): 23-33.

[123] 杨万江, 孙奕航. 粮食补贴政策对稻农种植积极性影响的实证分析——基于浙江、安徽、江西稻农调查数据分析 [J]. 中国农学通报, 2013

(7): 114 – 118.

[124] 姚耀军. 金融发展与城乡收入差距关系的经验分析 [J]. 财经研究, 2005 (2): 49 – 59.

[125] 易秋霖, 郭慧. 非正式金融探析 [J]. 金融理论与实践, 2003 (3): 3 – 5.

[126] 尹希果, 陈刚, 程世骑. 中国金融发展与城乡收入差距关系的再检验——基于面板单位根和 VAR 模型的估计 [J]. 当代经济科学, 2007 (1): 15 – 24.

[127] 约翰·梅勒. 农业发展经济学 [M]. 安希, 等译. 北京: 北京农业大学出版社, 1990.

[128] 曾康霖. 我国农村金融模式的选择 [J]. 金融研究, 2001 (10): 32 – 41.

[129] 张建华, 卓凯. 非正规金融、制度变迁与经济增长: 一个文献综述 [J]. 改革, 2004 (3).

[130] 张建军等. 从民间借贷到民营金融: 产业组织与交易规则 [J]. 金融研究, 2002 (10): 101 – 109.

[131] 张杰. 中国金融制度的结构与变迁 [M]. 太原: 山西经济出版社, 1998.

[132] 张杰. 转轨经济中的金融中介及其演进: 一个新的解释框架 [J]. 管理世界, 2001 (5): 90 – 99.

[133] 张杰. 中国农村金融制度: 结构、变迁与政策 [M]. 北京: 中国人民大学出版社, 2003.

[134] 张军. 改革后中国农村的非正规金融部门: 温州案例 [J]. 中国社会科学季刊 (香港), 1997 (秋季卷).

[135] 张宽, 邓鑫, 沈倩岭, 漆雁斌. 农业技术进步、农村劳动力转移与农民收入——基于农业劳动生产率的分组 PVAR 模型分析 [J]. 农业技术经济, 2017 (6): 28 – 41.

[136] 张宁, 试论非正式金融 [J]. 当代财经, 2002 (11): 34 – 38.

[137] 张宁, 张兵. 农村非正规金融、农户内部收入差距与贫困 [J]. 经济科学, 2015 (1): 53 – 65.

[138] 张晓山, 崔红志. 关键是调整国民收入分配格局——农民增收问题之我见 [J]. 农业经济问题, 2001 (6): 2 – 10.

[139] 张玉梅, 陈志钢. 惠农政策对贫困地区农村居民收入流动的影响——基于贵州3个行政村农户的追踪调查分析 [J]. 中国农村经济, 2015 (7): 70-81.

[140] 章奇, 刘明兴, 陶然, Vincent Yiupor Chen. 中国金融中介与城乡收入差距 [J]. 中国金融学, 2004 (1).

[141] 赵晓锋, 张永辉, 霍学喜. 农业结构调整对农户家庭收入影响的实证分析 [J]. 中南财经政法大学学报, 2012 (5): 127-133.

[142] 中国人民银行临沂市中心支行课题组. 农村金融市场利率市场化影响及推进建议 [J]. 济南金融, 2000 (9): 31-33.

[143] 钟腾, 汪昌云. 金融发展与企业创新产出——基于不同融资模式对比视角 [J]. 金融研究, 2017 (12): 127-142.

[144] 周立, 胡鞍钢. 中国金融发展的地区差距分析: 1978-1999 [J]. 清华大学学报 (哲学社会科学版), 2002 (2): 60-74.

[145] 周立, 王子明. 中国各地区金融发展与经济增长实证分析: 1978-2000 [J]. 金融研究, 2002 (10): 1-13.

[146] 周小川. 关于农村金融改革的几点思路 [J]. 经济学动态, 2004 (8): 10-15.

[147] 朱德林, 胡海鸥. 我国灰黑色金融范畴 [J]. 外国经济与管理, 1994 (9): 2-5.

[148] 左柏云. 民间金融问题研究 [J]. 金融理论与实践, 2001 (5): 21-22.

[149] Adams, D W. Filling the Deposit Gap in Microfinance [R]. Washington, D. C.: the Best Practices in Savings Mobilization Conference, 2002.

[150] ADB. Informal Finance in Asia, Asian Development Outlook 1990 [R]. Manila: Asian Development Bank, 1990.

[151] Aeemoglu and Robinson. The Political Economy of the Kuznets Curve [J]. Review of Development Eeonomies, 2002 (2): 183-203.

[152] Agenor Pierre-Richard. Does Globalization Hurt the Poor? [J]. International Economics and Economic Policy, 2004 (1): 21-51.

[153] Aghion Philippe, Patrick Bolton. A Theory of Trickle-Down Growth and Development [J]. The Review of Economic Studies, 1997 (64): 151-172.

[154] Aggarwal Vikas A, Hsu David H. Entrepreneurial Exits and Innovation

[J]. Management Science, 2014 (60): 867 - 887.

[155] Ahluwalia, Montek, N. G. Carter, Hollis Chenery. Growth and Poverty in Developing Countries [J]. Journal of Development Economics, 1976 (6): 299 - 341.

[156] Akerlof George. The Market for Lemons: Quality Uncertainty and the Market Mechanism [J]. Quarterly Journal of Economics, 1970 (89): 488 - 500.

[157] Alfaro Laura, Charlton Andrew. International Financial Integration and Entrepreneurship [R]. Centre for Economic Performance, LSE, CEP Discussion Papers, 2006.

[158] A. V. Thakor, Besanko. Collateral and Rationing: Sorting Equiliria in Monopolistic and Competitive Markets [J]. International Economic Review, 1987 (28): 671 - 689.

[159] A. W. A. Boot, A. V. Thakor and G. F. Udell. Secured Lending Default Risk: Equilibrium Analysis, Policy Implications and Empirical Results [J]. The Economic Journal, 1991 (101): 458 - 472.

[160] A. W. A. Boot, A. V. Thakor. Moral Hazard and Secured Lending in an Infinitely Repeated Credit Market Game [J]. International Economic Review, 1994 (35): 899 - 920.

[161] Ayyagari Meghana, Demirgüç-Kunt Asli, Maksimovic Vojislav. Firm Innovation in Emerging Markets: The Role of Finance, Governance, and Competition [J]. Journal of Financial & Quantitative Analysis, 2011 (46): 1545 - 1580.

[162] Banerjee, Abhijit V, Andrew F, Newman. Occupational Choice and the Process of Development [J]. Journal of Political Economy, 1993 (101): 274 - 298.

[163] Barro Rober J. The Loan Market, Collateral and Rate of Interest [J]. Journal of Money, Credit and Banking, 1976 (8): 439 - 456.

[164] Beck Thorsten, Asli Demirguc-Kunt, Ross Levine. Finance, Inequality and Poverty: Cross-Country Evidence [R]. World Bank Policy Research Working Paper, WPS3338, 2004.

[165] Berger, Allen N, Udell, Gregory F. Small Business Credit Availability and Relationship Lending: The Importance of Bank Organisational Structure [J]. Economic Journal, 2002 (112): 32 - 53.

[166] Besley, Timothy, Stepthen Coate. Group Lending, Repayment Incentives, and Social Collateral [J]. Journal of Development Economy, 1995 (46): 1-19.

[167] Besley, Timothy, Stepthen Coate, Glenn Loury. The Economics of Rotating Savings and Credit Associations [J]. American Economic Review, 1993 (83): 793-809.

[168] Blackburn K, Forgues-Puccio. Financial liberalization, bureaucratic corruption and economic development [J]. Journal of International Money & Finance, 2010 (29): 1321-1339.

[169] Bourguignon François. The Poverty-Growth-Inequality Triangle, Indian Council for Research on International Economic Relations, New Delhi Working Paper, 2004, No. 125.

[170] Braun M, Larrain B. Finance and the Business Cycle: International, Inter-Industry Evidence [J]. Journal of Finance, 2005 (60): 1097-1128.

[171] Saint Paul Gilles, Thierry Verdier. Inequality, Redistribution and Growth: A Challenge to the Conventional Political Economy Approach [J]. European Economic Review, 1996 (40): 719-728.

[172] Chakravarty Sugato, James S. Scott. Relationships and Rationing in Consumer Loans [J]. The Journal of Business, 1999 (72): 523-544.

[173] Clarke George, Xu Lixin Colin, Zou Heng-fu. Finance and Income Inequality: Test of Alternative Theories [R]. World Bank Policy Research Working Paper 2984, 2003.

[174] Cole, David C and Slade, Betty F. "Reform of Financial System" in Reforming Economic Systems in Developing Countries [M]//Dwight H. Perkins and Michael Roemer, Cambridge, MA: Harvard Institute for International Development, 1991.

[175] Coleman, James S. Social Capital in the Creation of Human Capital [J]. American Journal of Sociology, 1988 (94): 95-120.

[176] Davide C. Shocks and credit choice in southern Ethiopia [J]. Agricultural Finance Review, 2014, 74 (1): 87-114.

[177] Dekle, Robert, Hamada, Koichi. On the development of ROSCA in Japan [J]. Economic Development and Cultural Change, 2000 (45): 77-91.

[178] Demirgü-Kunt A, Beck T, Honohan P. Finance for all: Policies and Pitfalls in Expanding Acess [R]. The World Bank Policy Research Report, 2008.

[179] Dolla P L. Microfinance and investment: a comparison with band and informal lending [J]. World Development, 2011, 39 (6): 882-897.

[180] James M C, Mark Rosenzweig. Female labor-force participation, occupational choice, and fertility in developing countries [J]. Joumal of Development Economics, 1976 (3): 141-160.

[181] Johnson S, McMillan J, Woodruff C. Property Rights and Finance [J]. American Economic Review, 2002 (92): 1335-1356.

[182] Robert Dekle, Koichi Hamada. On the Development of Rotating Credit Association in Japan [J]. Economic Development and Cultural Change, 2000 (49): 77-90.

[183] Dalla Pellegrina Lucia. Microfinance and Investment: A Comparison with Bank and Informal Lending [J]. World Development, 2011 (39): 882-897.

[184] Diamond, D W. Monitoring and Reputation: The Choice Between Bank Loans and Directly Placed Debt [J]. Journal of Political Economy, 1991 (99): 689-721.

[185] Fama, Eugene F. What's Different About Banks [J]. Journal of Monetary Economics, 1985 (15): 29-40.

[186] Saint-Paul, Thierry Verdier. Education, Democracy and Growth [J]. Journal of Development Economics, 1993 (42): 399-407.

[187] Galindo A, Schiantarelli F, Weiss A. Does Financial Liberalization Improve the Allocation of Investment? Micro-evidence from Developing Countries [J]. Journal of Development Economics, 2007 (83): 562-587.

[188] Galor Oded, Joseph Zeira. Income Distribution and Macroeconomics [J]. Review of Economic Studies, 1993 (60): 35-52.

[189] Ghate, P. Informal Finance: Some Findings from Asia [M]. Oxford University Press, 1992.

[190] Goldsmith, R W. Financial Structure and Development [M]. Yale University Press, New Haven, 1969.

[191] Gorodnichenko Yuriy, Schnitzer Monika. Financial Constraints and Innovation: Why Poor Countries Don't Catch Up [J]. Journal of the European

Economic Association, 2013 (11): 1115-1152.

[192] Graff M, Karmann A. What Determines the Finance-Growth Nexus? Empirical Evidence for Threshold Models [J]. Journal of Economics, 2006 (87): 127-157.

[193] Greenwood. Jeremy, Boyan Jovanovic. Financial Development, Growth, and the Distribution of Income [J]. Journal of Political Economy, 1990 (98): 1076-1107.

[194] Gurley J G, Shaw E S. Financial Aspects of Economic Development [J]. American Economic Review, 1955 (45): 515-538.

[195] H. C. Wette. Collateral in Credit Rationing in Markets with Imperfect Information [J]. The American Economic Review, 1983 (73): 442-445.

[196] Honoban, P. Financial Development, Growth and Poverty: How Close Are the Links [R]. World Bank Policy Research Working Paper, No. 3203, 2004.

[197] Hospes, O. People That Count: The Forgotten Faces of Rotating Savings and Credit ssociations in Indonesia [J]. Savings and Development, 1993 (16): 371-400.

[198] Huiqing Liu. Increased Farmer Income Evidenced by a New Multifunctional Actor Network in China [J]. Agron Sustain, 2014 (34): 515-523.

[199] Impavido, Gregorio. Credit Rationing, Group Lending And Optimal Group Size [J]. Annals of Public & Cooperative Economics, 1998 (69): 243-260.

[200] J. E. Stiglitz, A. Weiss. Credit Rationing in Markets with Imperfect Information [J]. American Economic Review, 1981 (71): 393-410.

[201] Jan Pieter Krahnen, Reinhard H. Schmidt. Development Finance as Institution Building: A New Approach to Poverty-oriented Banking [M]. Boulder, USA: Westview Press, 1994: 145.

[202] Jia Xiangping, Heidhues Franz. Zeller Manfred. Credit Rationing of Rural Households in China [J]. Agricultural Finance Review, 2010 (70): 37-54.

[203] Johnson Simon, Boone Peter, Breach Alasdair, Friedman Eric. Corporate Governance in the Asian Financial Crisis [J]. Law and Economic Development, 2006 (1): 358-403.

[204] Katz. Eliakim, Stark. Oded. Labor Migration and Risk Aversion in Less Developed Countries [J]. Journal of Labor Economics, 1986 (4): 134 – 149.

[205] Klein Michael, Olivei Giovanni. Capital Account Liberalization, Financial Depth and Economic Growth [J]. Journal of International Money and Finance, 2008 (27): 861 – 875.

[206] Krahnen Jan Pieter, Schmidt Reinhard H. Development finance as institution building: A New Approach to Poverty-oriented Banking [R]. Boulder and Oxford: Westview Press, 1994.

[207] Kropp Erhard et al. Linking Self-help Groups and Banks in Developing Countries [M]. GTZ-Verlag Press, 1989: 155.

[208] Lamberte M B, A. A. Jose. The Manufacturing Sector and the Informal Credit Markets: The Case of Trade Credit in the Footwear Industry [R]. Philippines Institution for Development Studies working paper, No. 88 – 07, 1988.

[209] Lee C, Wong S. Inflationary Threshold Effects in the Relationship between Financial Development and Economic Growth: Evidence from Taiwan and Japan [J]. Journal of Economice Development, 2005 (30): 49 – 69.

[210] Levine R. Financial Development and Economic Growth: Views and Agenda [R]. IMF Working paper, 1996.

[211] Loayza N, Ranciere R. Financial Development, Financial Fragility and Growth [J]. Journal of Money, Credit an Banking, 2006 (38): 1051 – 1076.

[212] Matsuyama Kiminori. Endogenous Inequality [J]. Review of Economic Studies, 2000 (67): 743 – 759.

[213] Maurer Noel, Stephen Haber. Related Lending and Economics Performance: Evidence from Mexico [J]. The Journal of Economic History, 2007 (67): 551 – 581.

[214] Mckinnon, R I. Money and Capital in Economic Development [M]. Brooking Institution Press, 1973.

[215] Mendelsohn R. Climate and Rural Income [J]. Climatic Change, 2007 (81): 101 – 118.

[216] Mishkin Frederic S. Globalization and Financial Development [J]. Journal of Development Economics, 2009 (89): 164 – 169.

[217] Morduch, Jonathan. The Microfinance Promise [J]. Journal of Eco-

nomic Literature, 1999 (37): 1569 - 1614.

[218] Perotti E, Thadden E. The Political Economy of Corporate Control and Labor Rents [J]. Jouranl of Political Economy, 2006 (114): 145 - 174.

[219] Petersen Mitchell A, Rajan, Raghuram G. The Effect of Credit Market Competition on Lending Relationships [J]. Quarterly Journal of Economics, 1995 (110): 407 - 443.

[220] Prebisch R. The Economic Development of Latin America and Us Principal Problems. Lake Success: United Nations, 1950.

[221] Rajan, Raghuram G. Insiders and Outsiders: The Choice between Informed and Arm's-Length Debt [J]. Journal of Finance, 1992 (47): 1367 - 1400.

[222] Rajan Raghuram G, Zingales Luigi. Financial Dependence and Growth [J]. American Economic Review, 1998 (8): 559 - 586.

[223] Rajan Raghuram G, Zingales Luigi. Saving Capitalism from the Capitalists. Crown Publishing Group, New York, 2003.

[224] Ramcharan R. The Link Between the Economic Structure and Financial Development [J]. Journal of Macroecomics, 2010 (10): 1 - 35.

[225] Roe M, Siegel J. Political Instability: Effects on Financial Dvelopment, Roots in the Severity of Economic Inequality [J]. Journal of Comparative Economics, 2011 (39): 279 - 309.

[226] Rogier van den Brink, Jean-Paul Chavas. The Microeconomics of an Indigenous African Institution: The Rotating Savings and Credit Association [J]. Economic Development and Culture Change, 1997 (45): 745 - 772.

[227] Seibel, Hans Dieter. Informal Finance: Origins, Evolutionary Trends and Donor Options [R]. IFAD Rural finance working paper, 2002.

[228] Sharma Siddharth. Financial Development and Innovation in Small Firms, 2007, The World Bank, Policy Research Working Paper Series: 4350.

[229] Singer H. The Distributions of Gains Between Investing and Borrowing Countries [J]. American Economic Review, 1950 (40): 473 - 485.

[230] Stark. Oded, Levhari. David. On Migration and Risk in LDCs [J]. Economic Development & Cultural Change, 1982 (31): 191 - 196.

[231] Stark. Oded, Taylor J. Edward. Migration Incentives, Migration Types: The Role of Relative Deprivation [J]. Economic Journal, 1991 (101):

1163 - 1178.

[232] Stiglitz, Joseph, Andrew Weiss. Credit Rationing with Collateral [R]. Bell Communications Research Economics Discussion Paper, 1985.

[233] Stiglitz, Joseph. Markets, Market Failures, and Development [J]. American Economic Review, 1989 (79): 197 - 203.

[234] Stiglitz, Joseph. Peer Monitoring and Credit Markets [J]. World Bank Economic Review, 1990 (4): 351 - 366.

[235] Stiglitz, Joseph, Andrew Weiss. Credit Rationing in Markets with Imperfect Information [J]. American Economic Review, 1981 (71): 393 - 410.

[236] Stiglitz, Joseph, Andrew Weiss. Incentive Effects of Terminations: Applications to the Credit and Labor Markets [J]. American Economic Review, 1983 (73): 912 - 927.

[237] Tressel T, Detragiache E. Do Financial Sector Reforms Lead to Financial Development? Evidence from a New Dataset [R]. IMF Working Paper, 2008.

[238] Tsui, Kai Yuen. Decomposition of China's Regional Inequalities [J]. Journal of Comparative Economics, 1993 (17): 600 - 627.

[239] W. Arthur Lewis. Economic Development with Unlimited Supplies of Labour [J]. Manchester School of Economic and Social Studies, 1954 (22): 139 - 191.

[240] Wette, Hildegard C. Collateral in Credit Rationing in Markets with Imperfect Information: Note [J]. American Economic Review, 1983 (73): 442 - 446.

[241] Xu, Zhenhui. Financial Development, Investment, and Economic Growth [J]. Economic Inquiry, 2000 (38): 331 - 344.

[242] Yuk-shee Chan, A. V. Thakor. Collateral and Competitive Equilibria with Moral Hazard and Private Information [J]. Journal of Finance, 1987 (42): 345 - 363.

[243] Yuk-shee Chan, George Kanatas. Asymmetric Valuations and the Role of Collateral in Loan Agreements [J]. Journal of Money, Credit and Banking, 1985 (17): 84 - 95.